RELAX ART

Schöne Ornamente

AUSMALEN & ENTSPANNEN

DIESES BUCH GEHÖRT ____________________

Die Faszination von Ornamenten besteht darin, dass man sich in ihren Formen verlieren und sie zugleich als ordnende Struktur wahrnehmen kann. Die Ornamente in diesem Malbuch für Erwachsene sind sich meist wiederholende Muster, deren komplexe Regelmäßigkeit aus abstrakten Formen genauso wie aus gegenständlichen Blumen- oder Fantasiemustern gebildet wird.

Das Ausmalen von Formen und Ornamenten wird oft Kindern zugedacht, um diese zu beschäftigen und zur Ruhe zu bringen. Tatsächlich können Erwachsene die kindliche Faszination des Ausmalens zum Vorbild für das eigene Entspannen nehmen: Die Konzentration auf das Wesentliche, das Sich-Verlieren und Abdriften in eine tiefere Gedankenwelt ist beim Ausmalen ein bedeutender Schritt, um geistige und körperliche Entspannung erfahren zu können.

Bevor Sie mit dem Ausmalen beginnen, achten Sie darauf, dass Ihre Stifte gespitzt sind und

sämtliche Arbeitsmaterialien in Reichweite liegen. Sorgen Sie beim Ausmalen für äußere Ruhe, legen Sie das Handy beiseite, schalten Sie den Computer aus. Gönnen Sie sich ganz bewusst diese freie Zeit.
Lassen Sie Ihren Alltag hinter sich, konzentrieren Sie sich auf die vor Ihnen liegenden Formen und Konturen, auf Ihren Stift und die Bewegungen Ihrer Hand. Lassen Sie Ihre Gedanken zur Ruhe kommen, tauchen Sie ein in die Welt Ihres Ornaments, ohne sich von äußeren Reizen oder Geräuschen ablenken zu lassen.
Die praktische Spiralbindung, das handliche Format und der stabile Einband des Büchleins ermöglichen das Ausmalen und Entspannen nicht nur zu Hause, sondern auch unterwegs und an Ihren Lieblingsorten.

Finden Sie mithilfe der schönen Ornamente zum Ausmalen Ruhe und Gelassenheit, und erschaffen Sie aus den detailreichen Motiven Ihr ganz persönliches Farbenspiel.

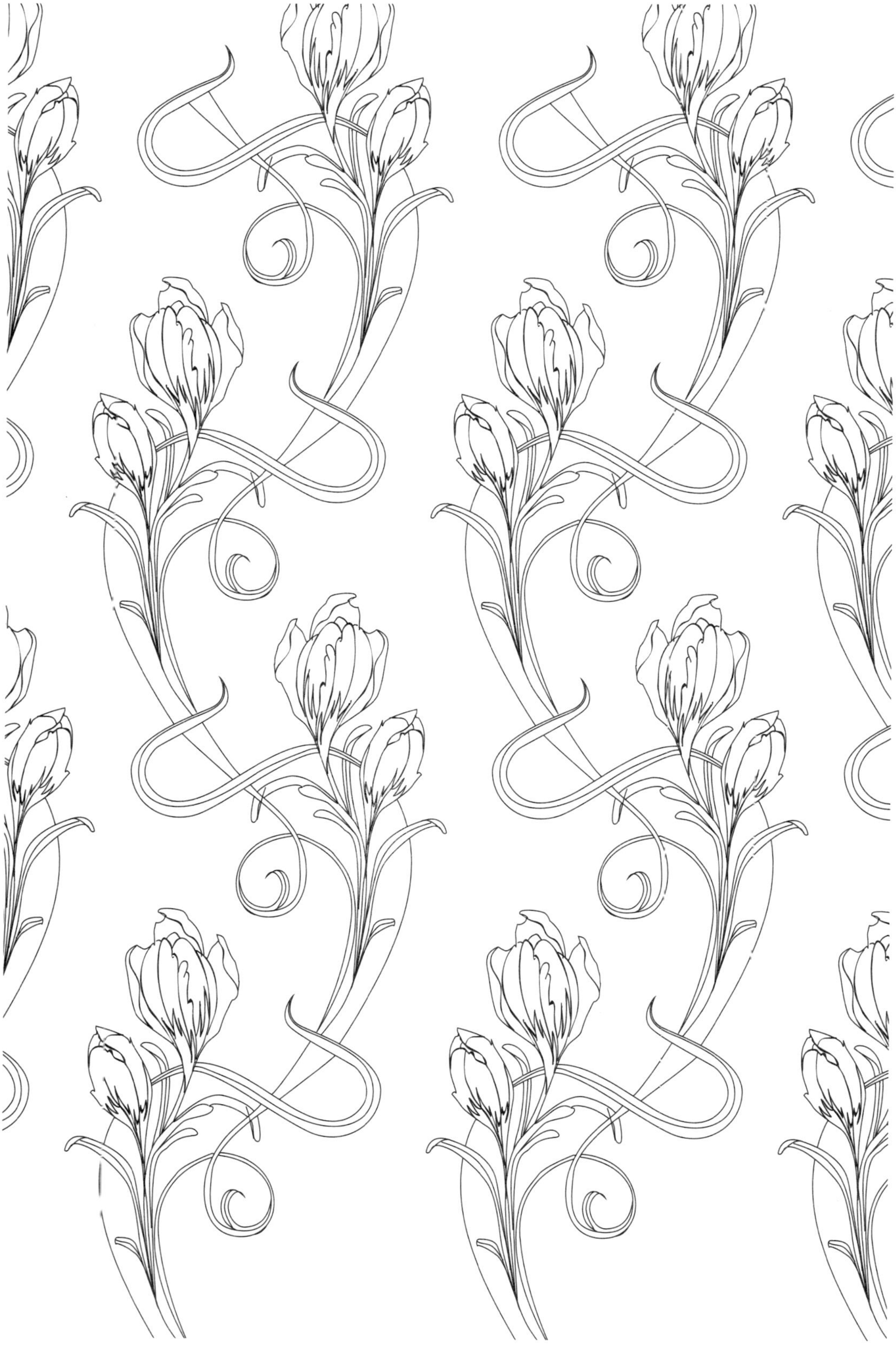

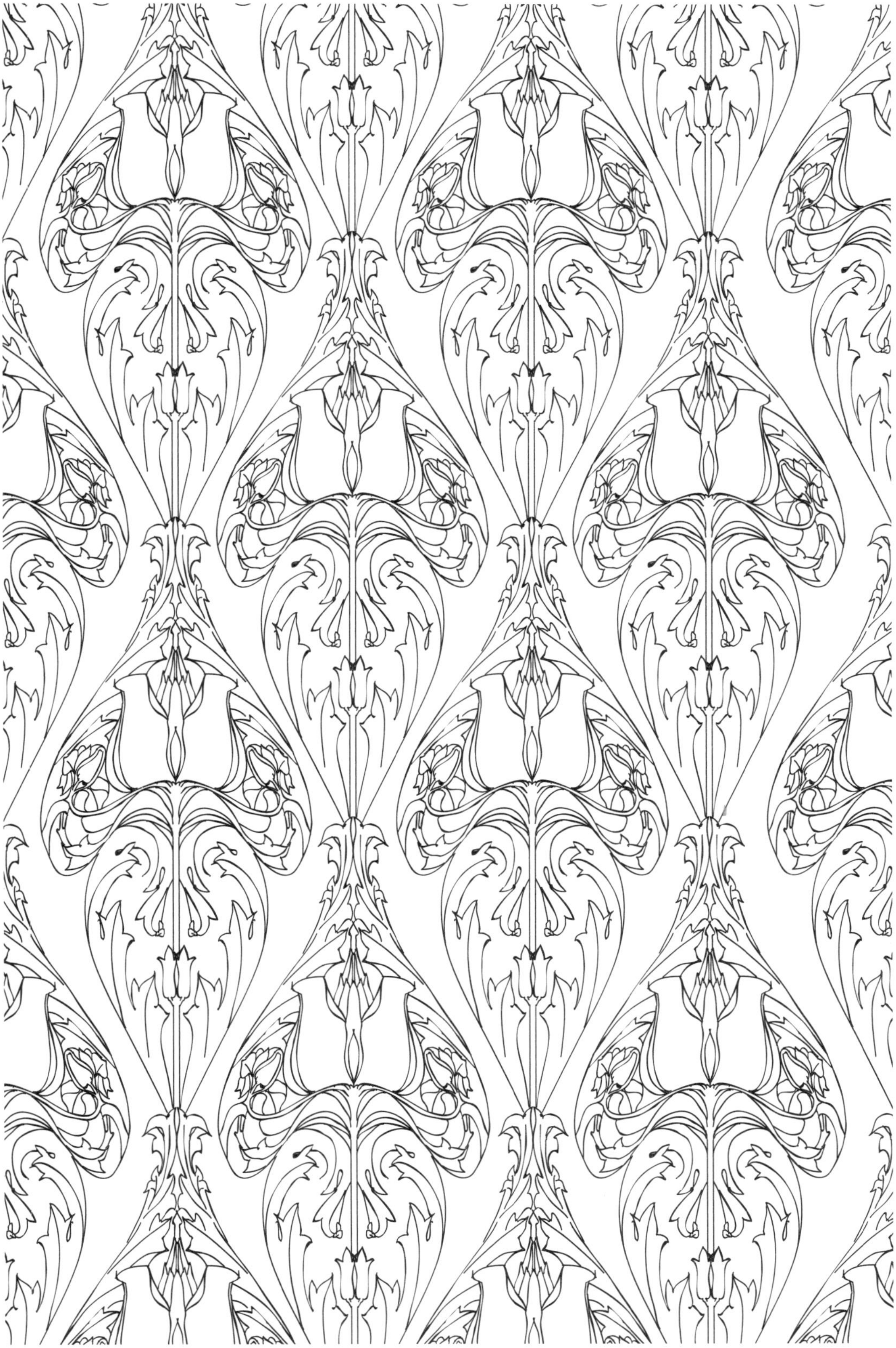

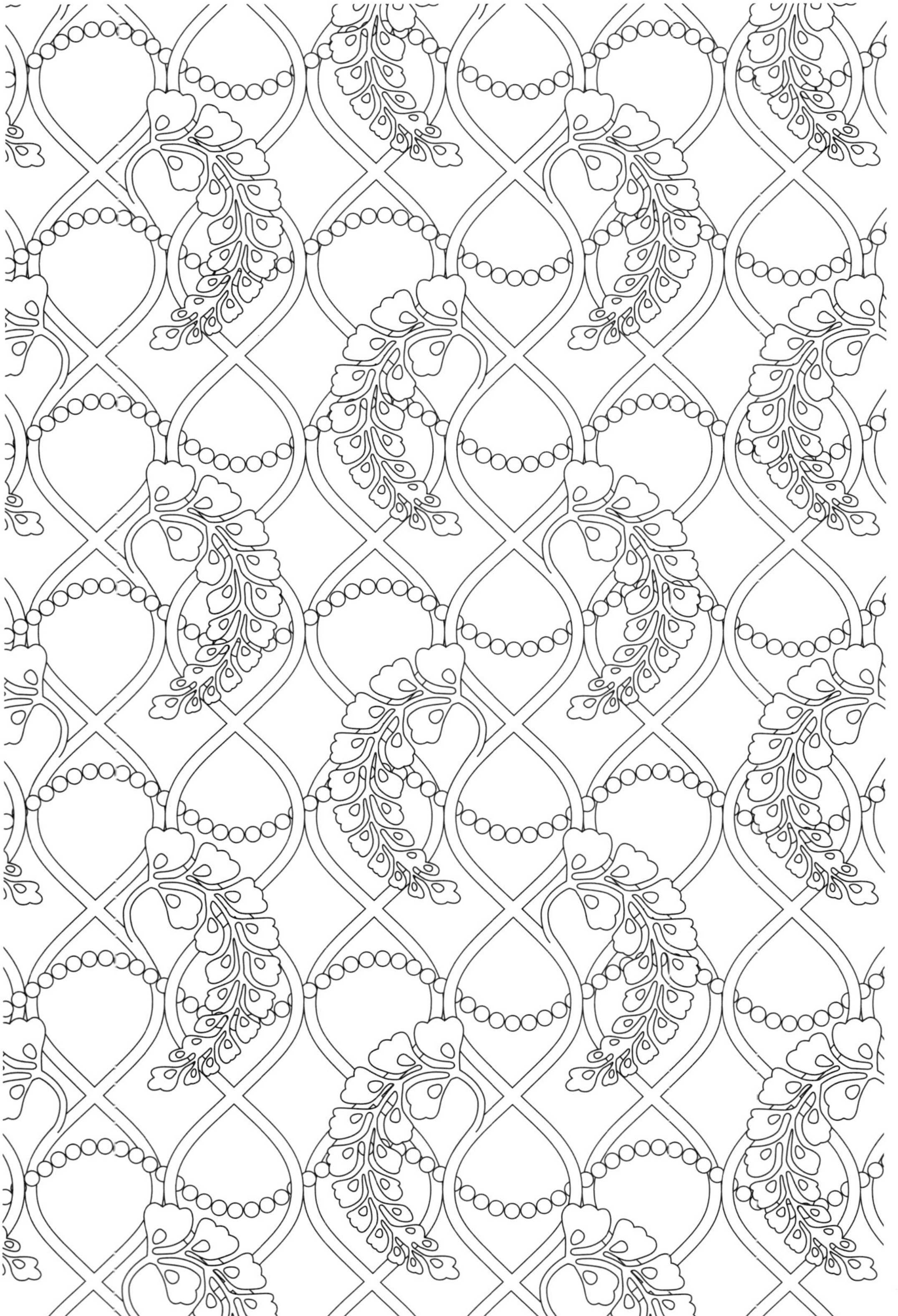

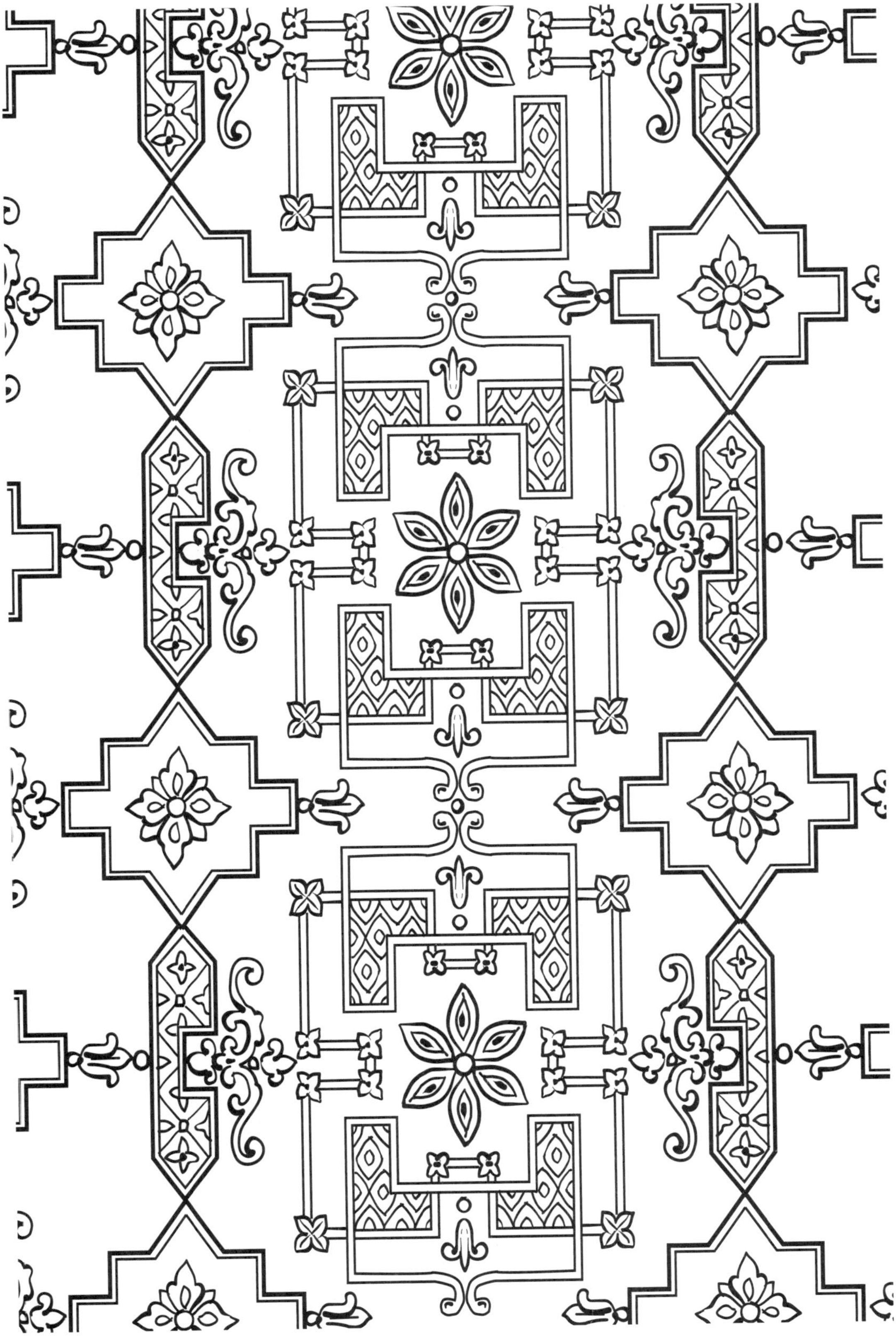

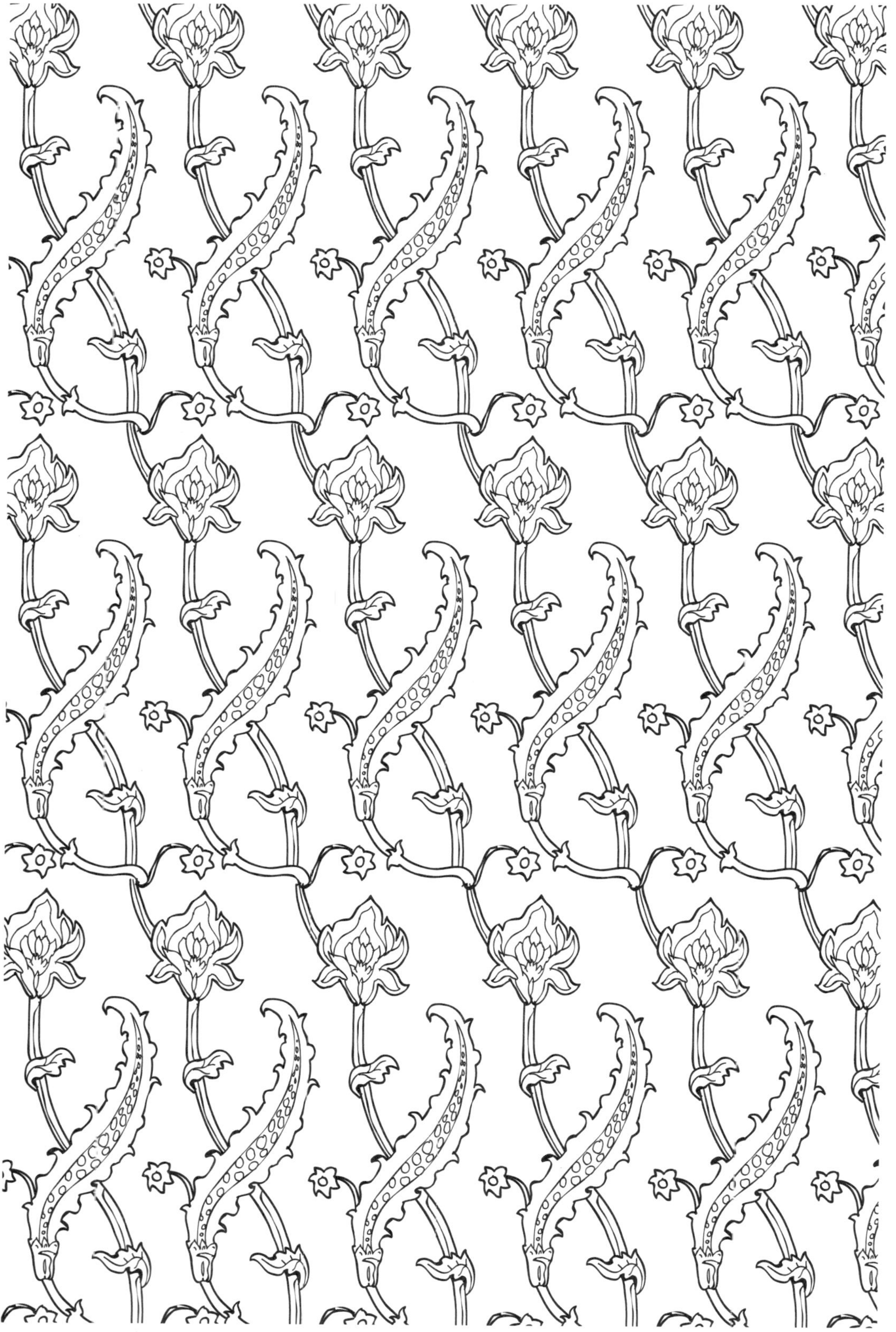

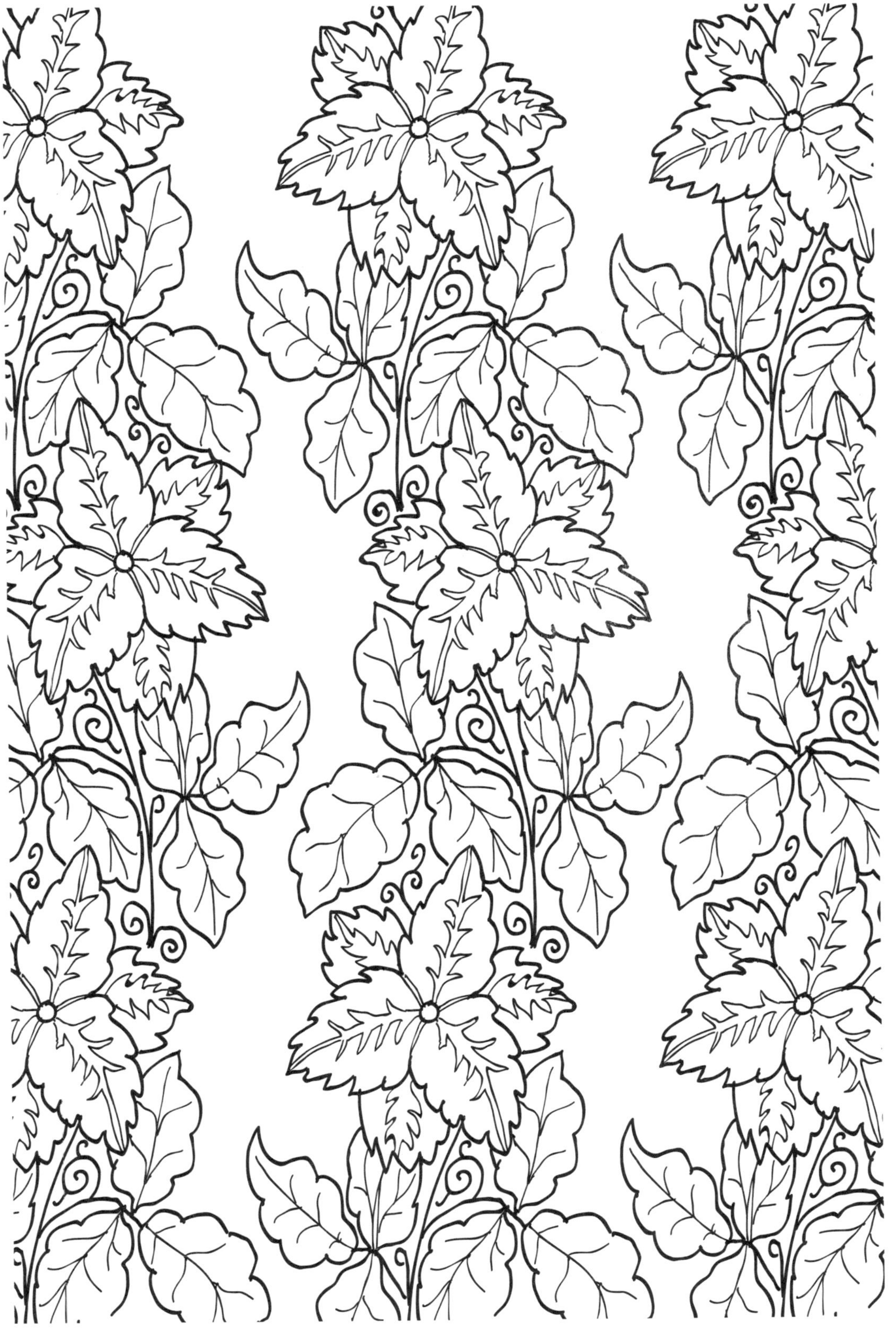

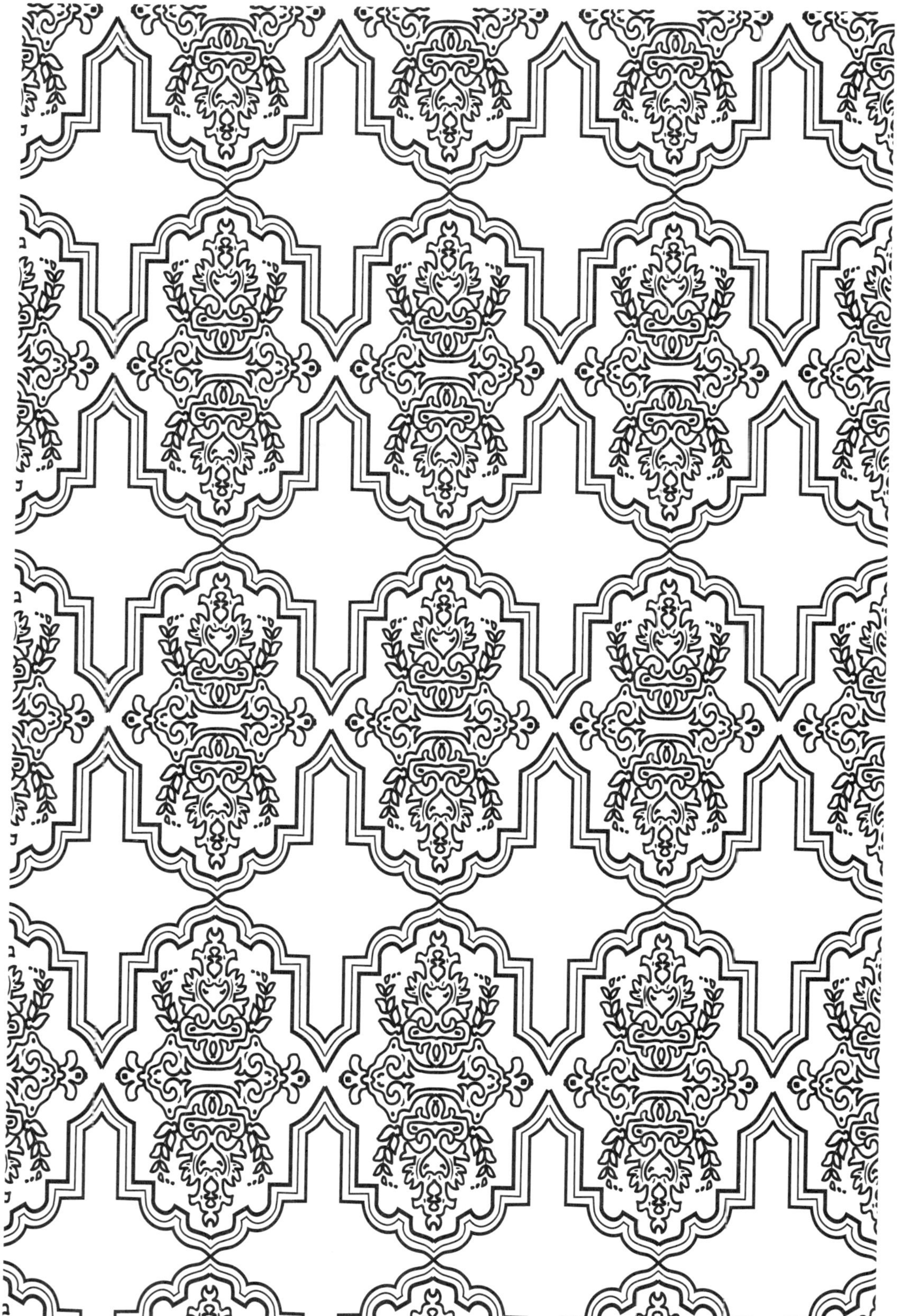

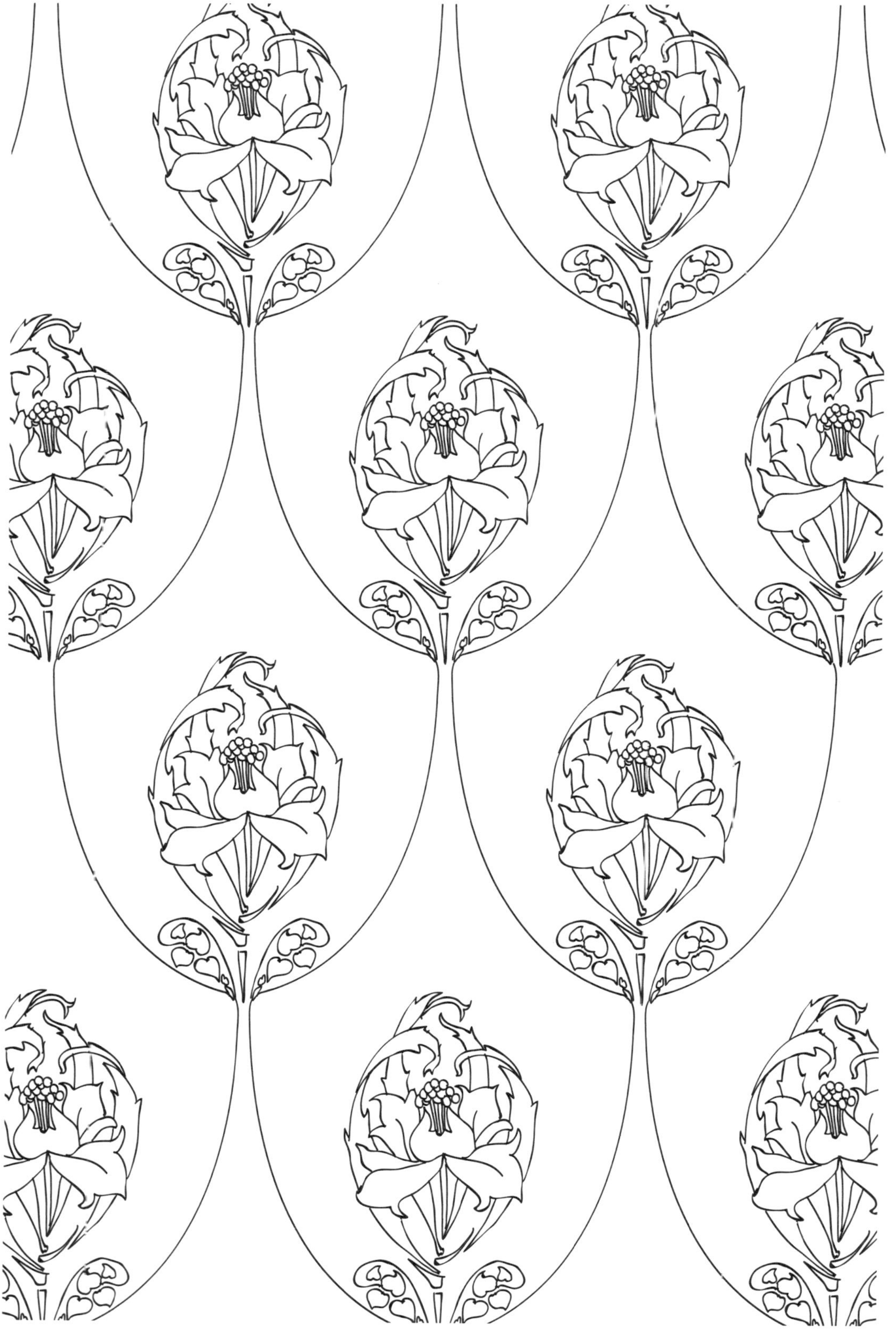

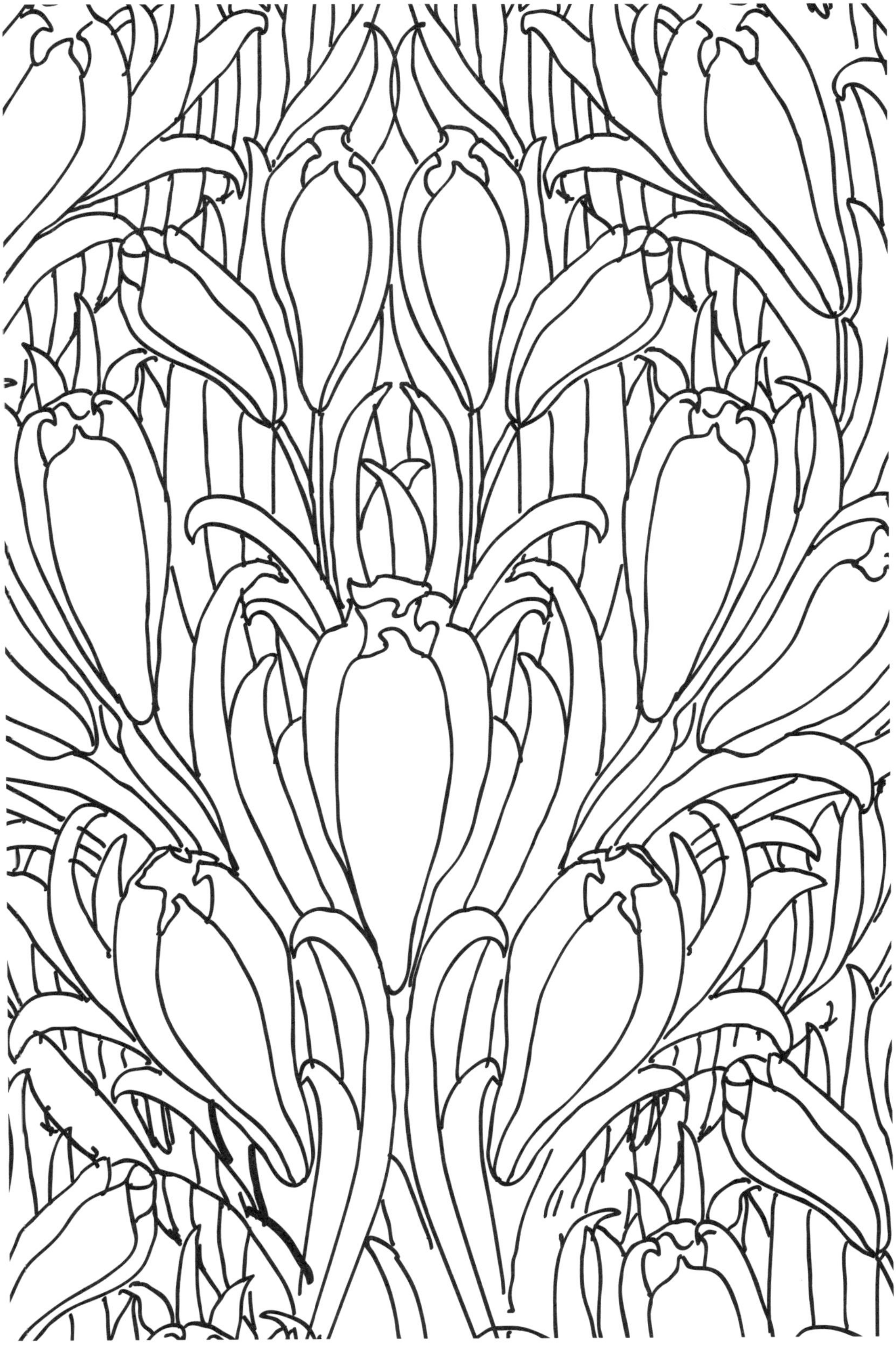

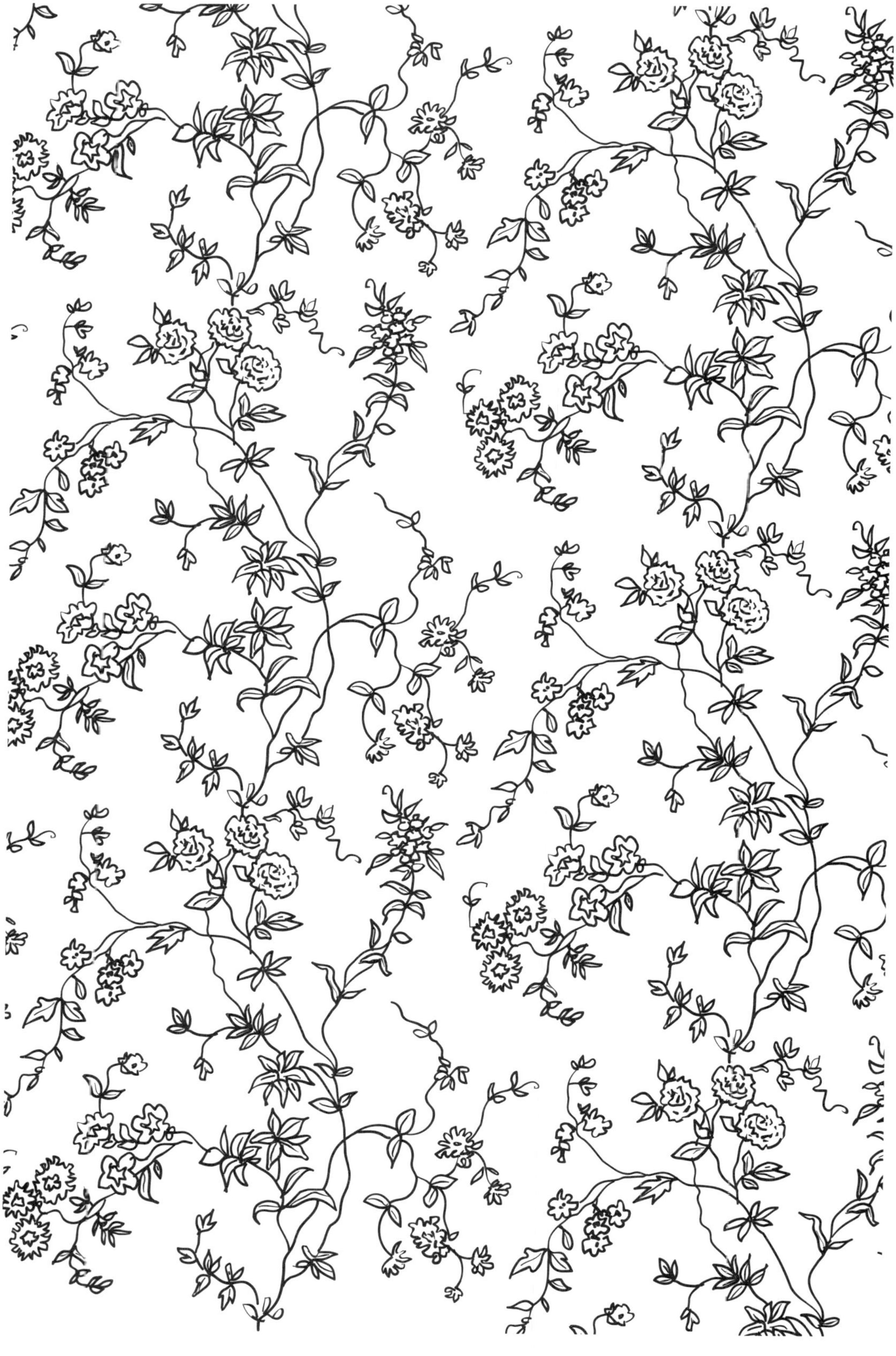

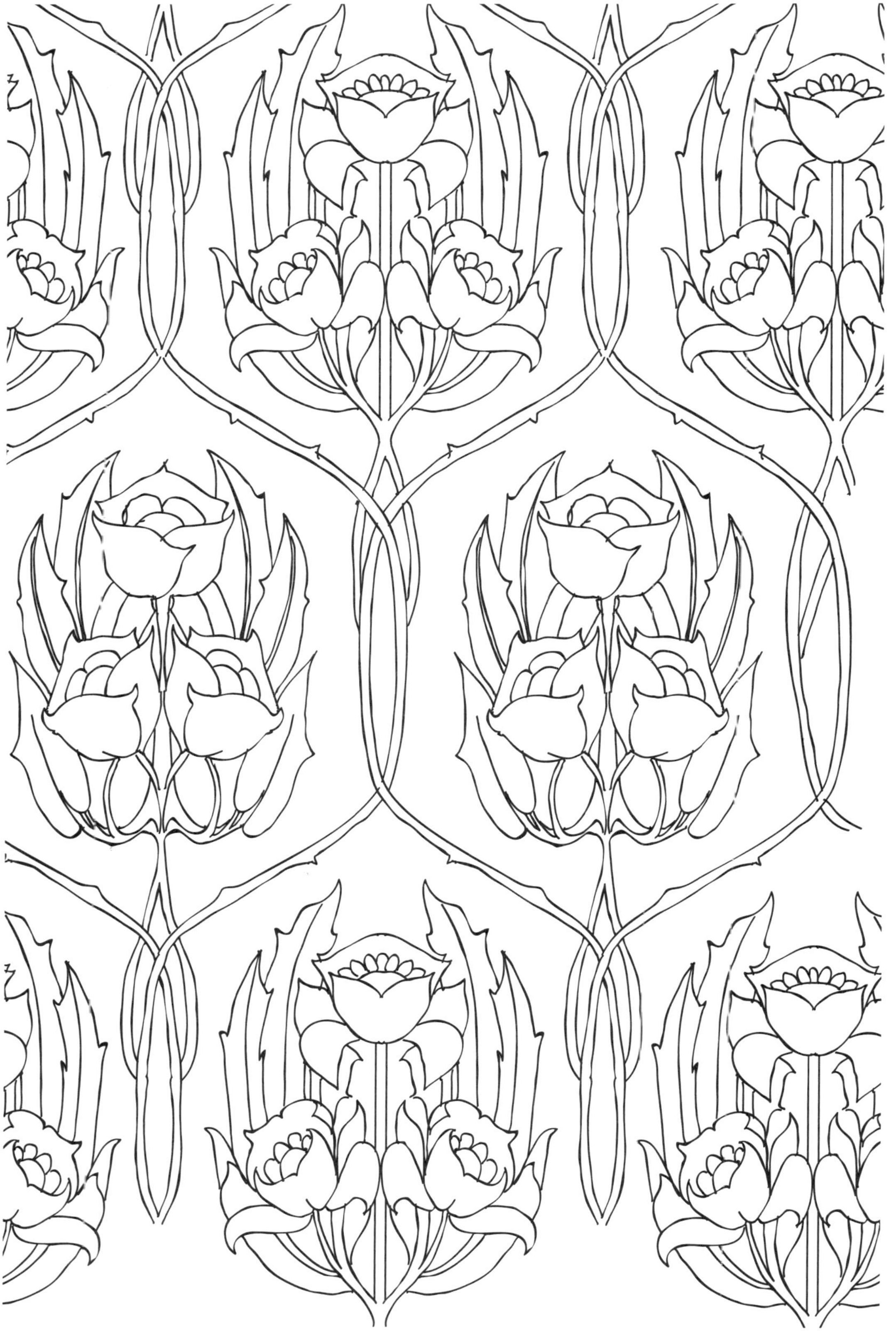

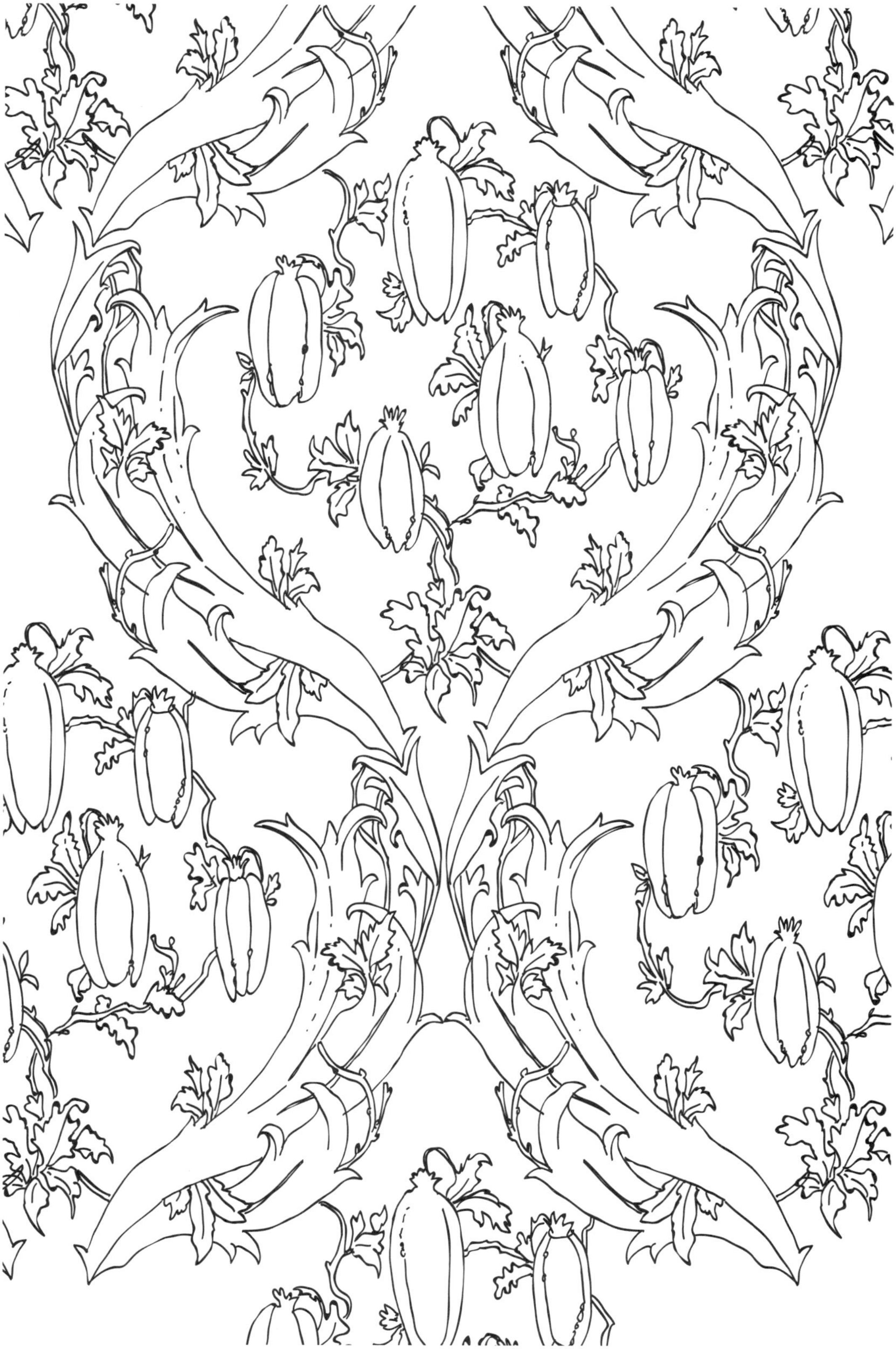

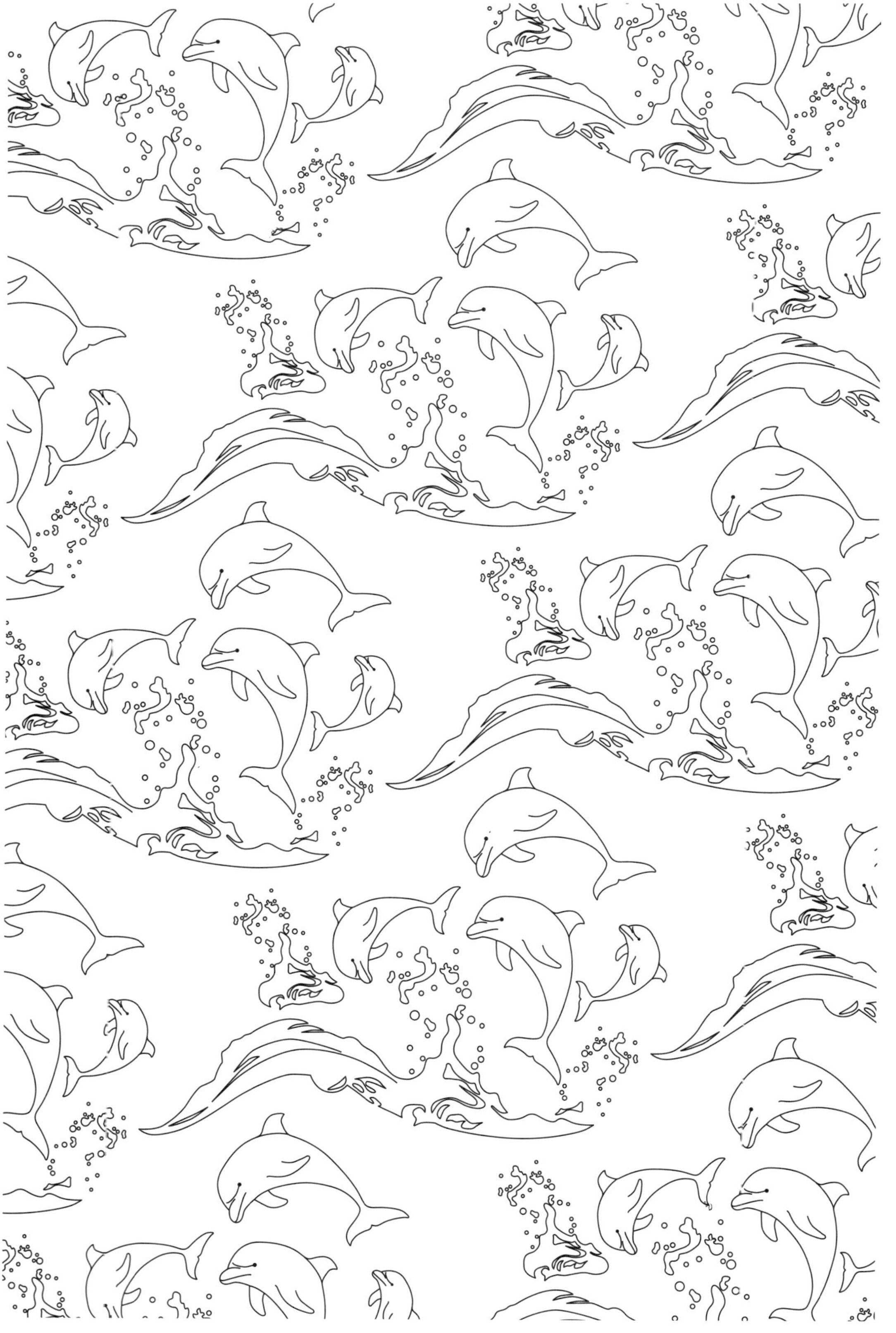

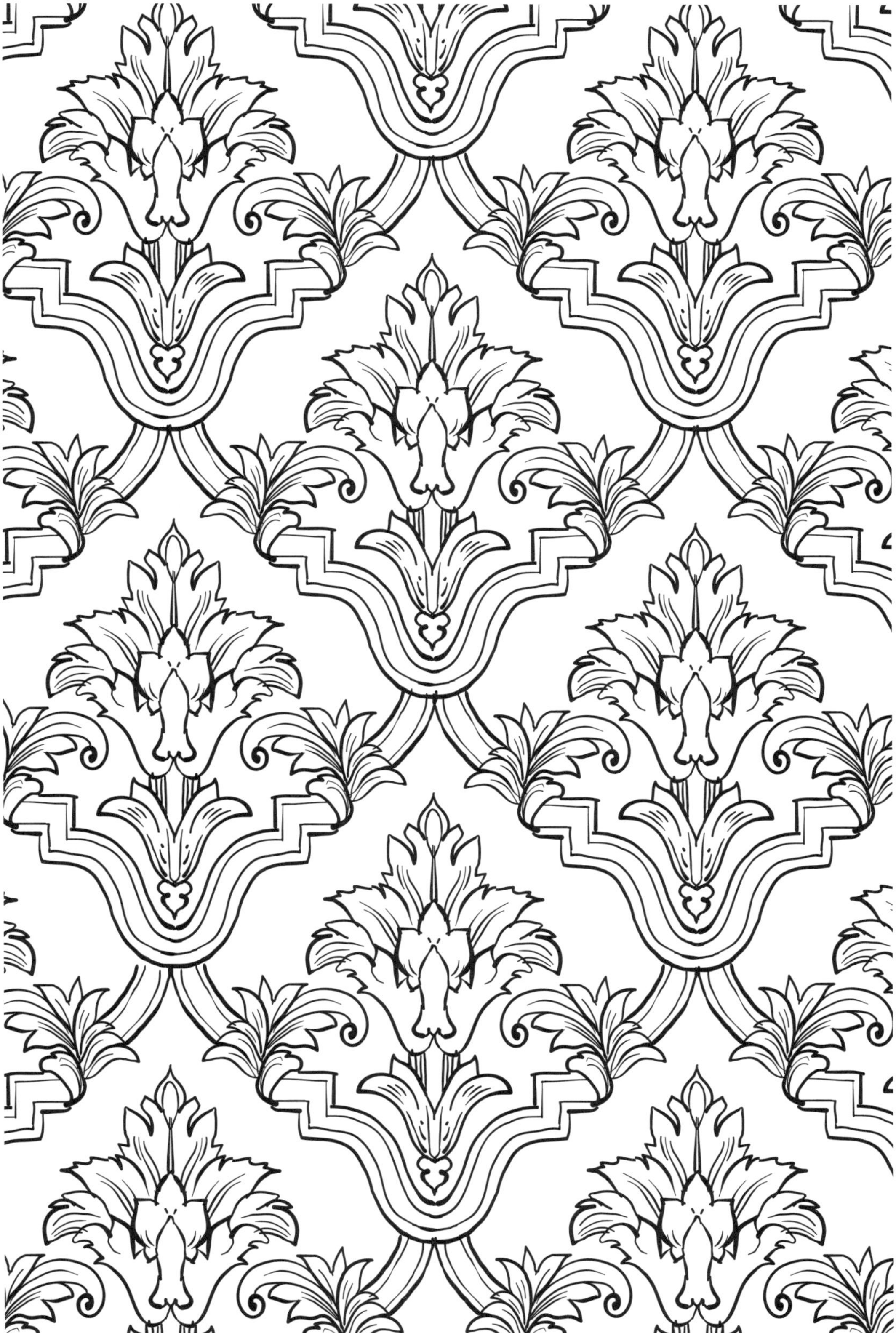

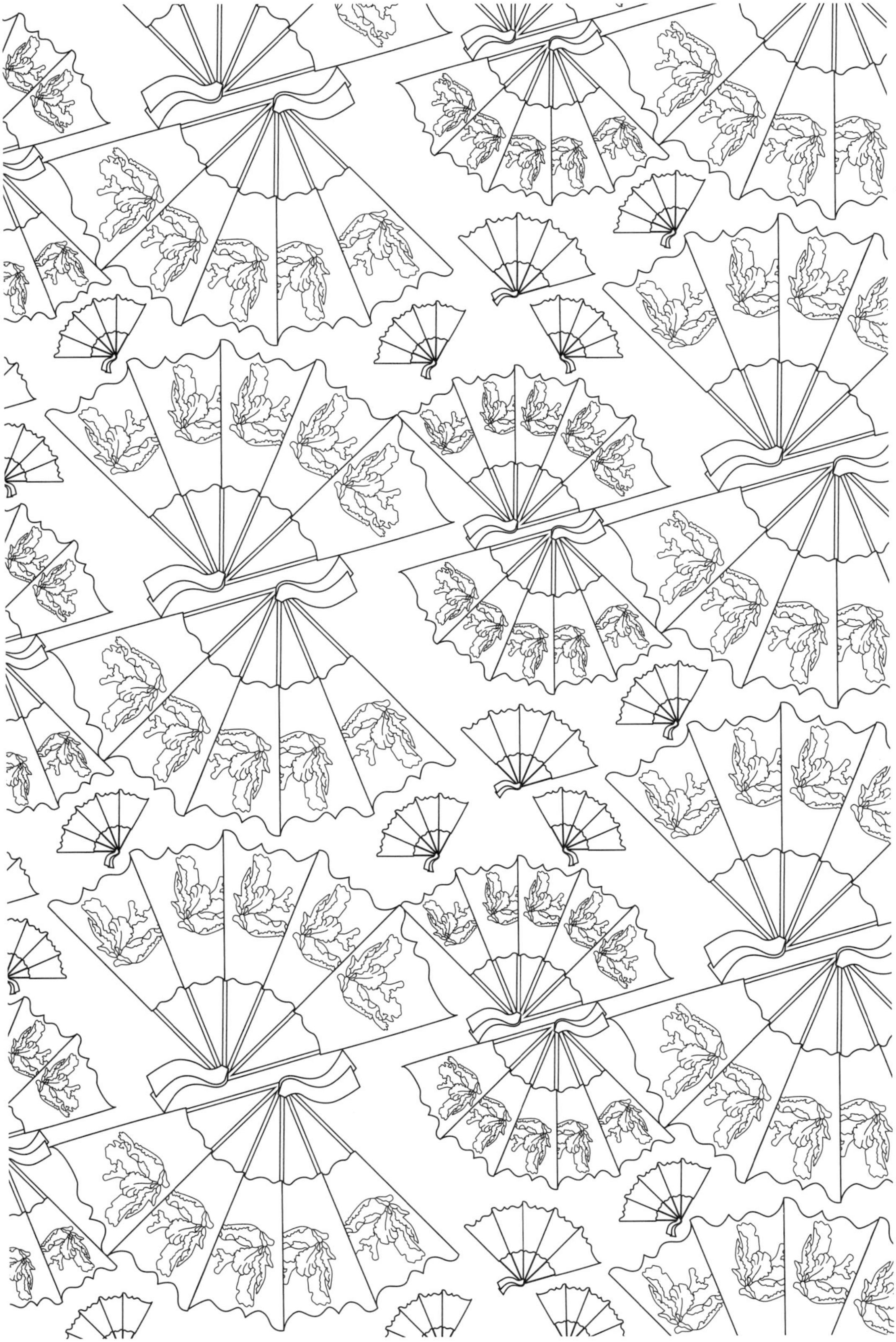

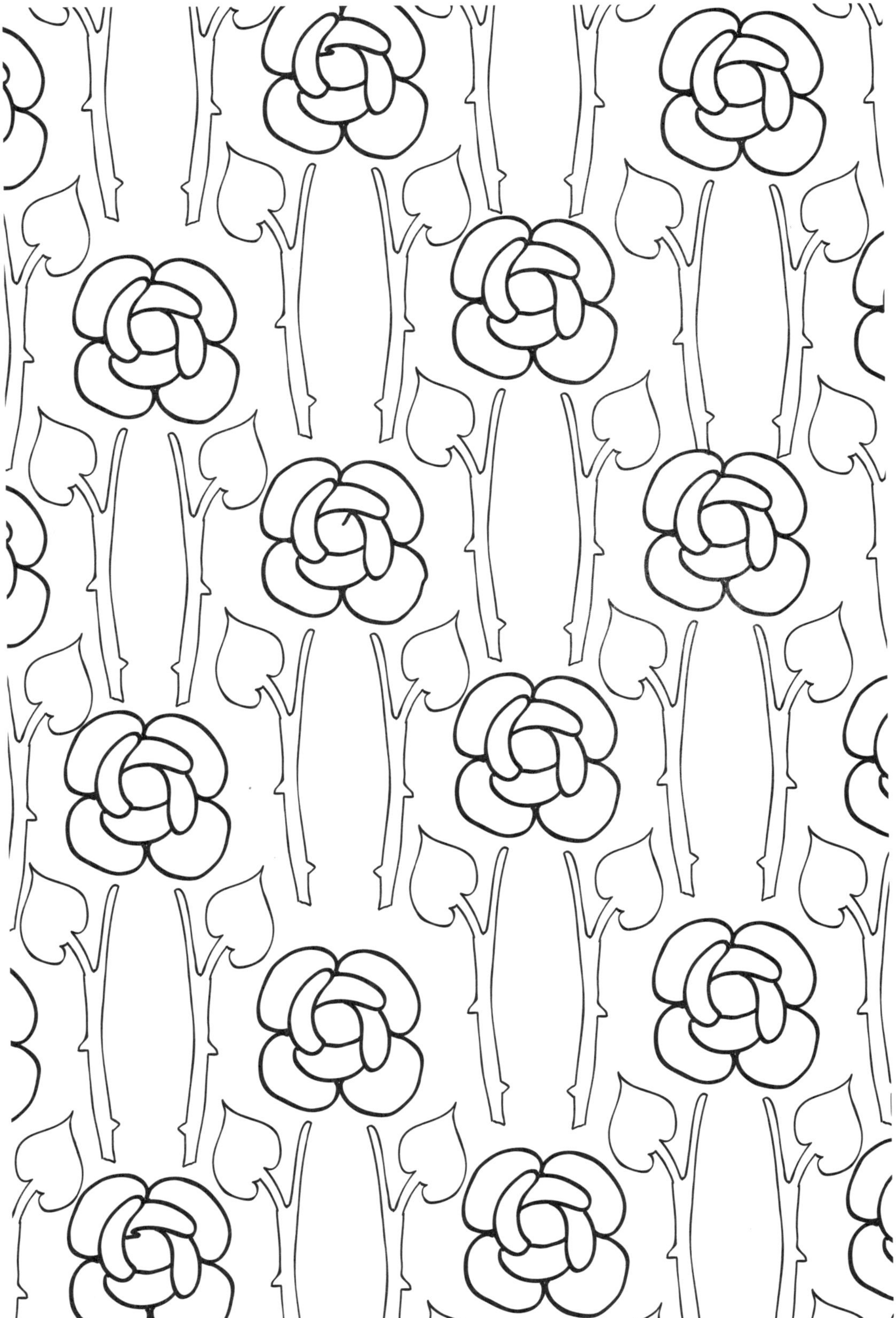

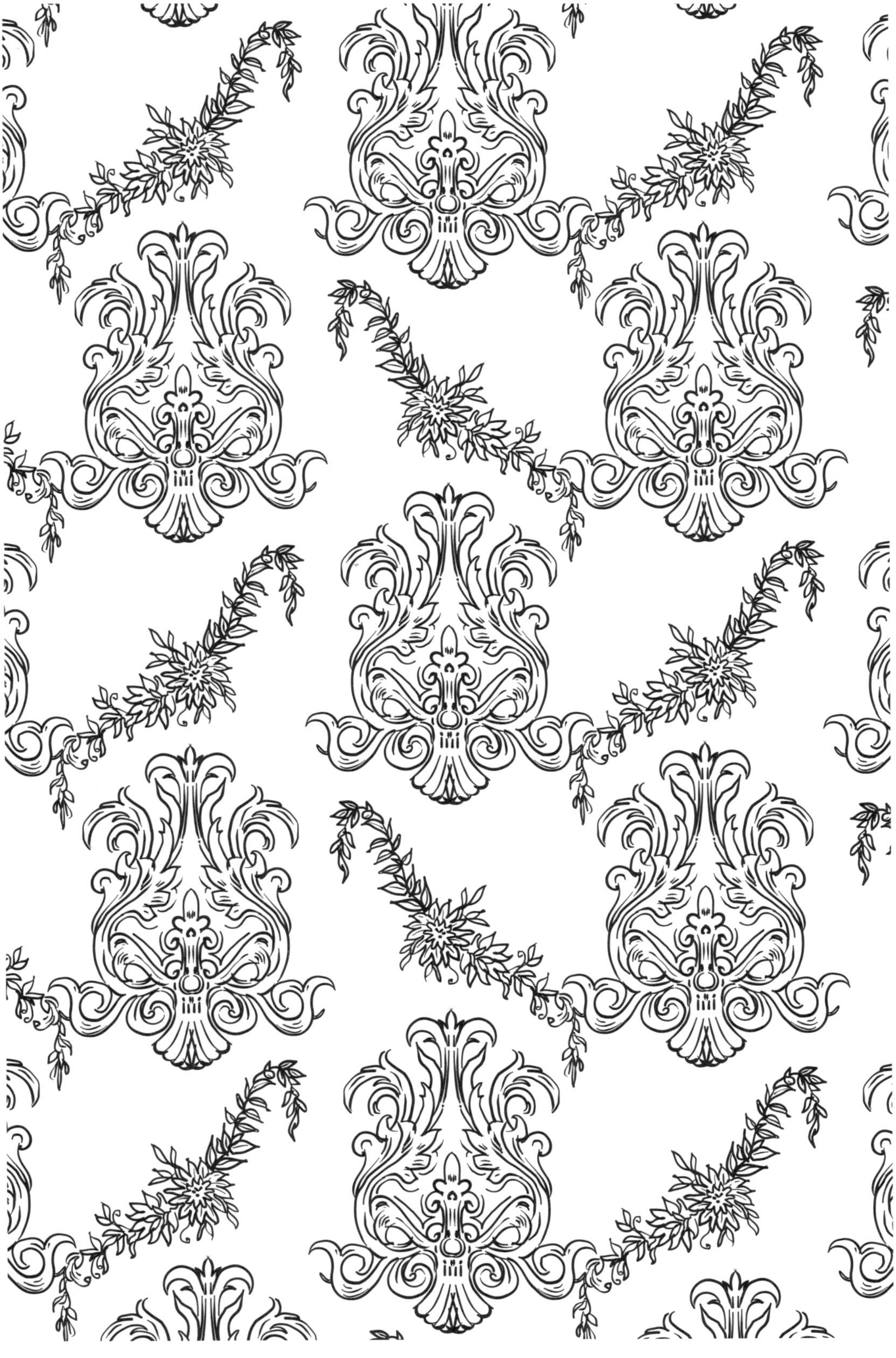

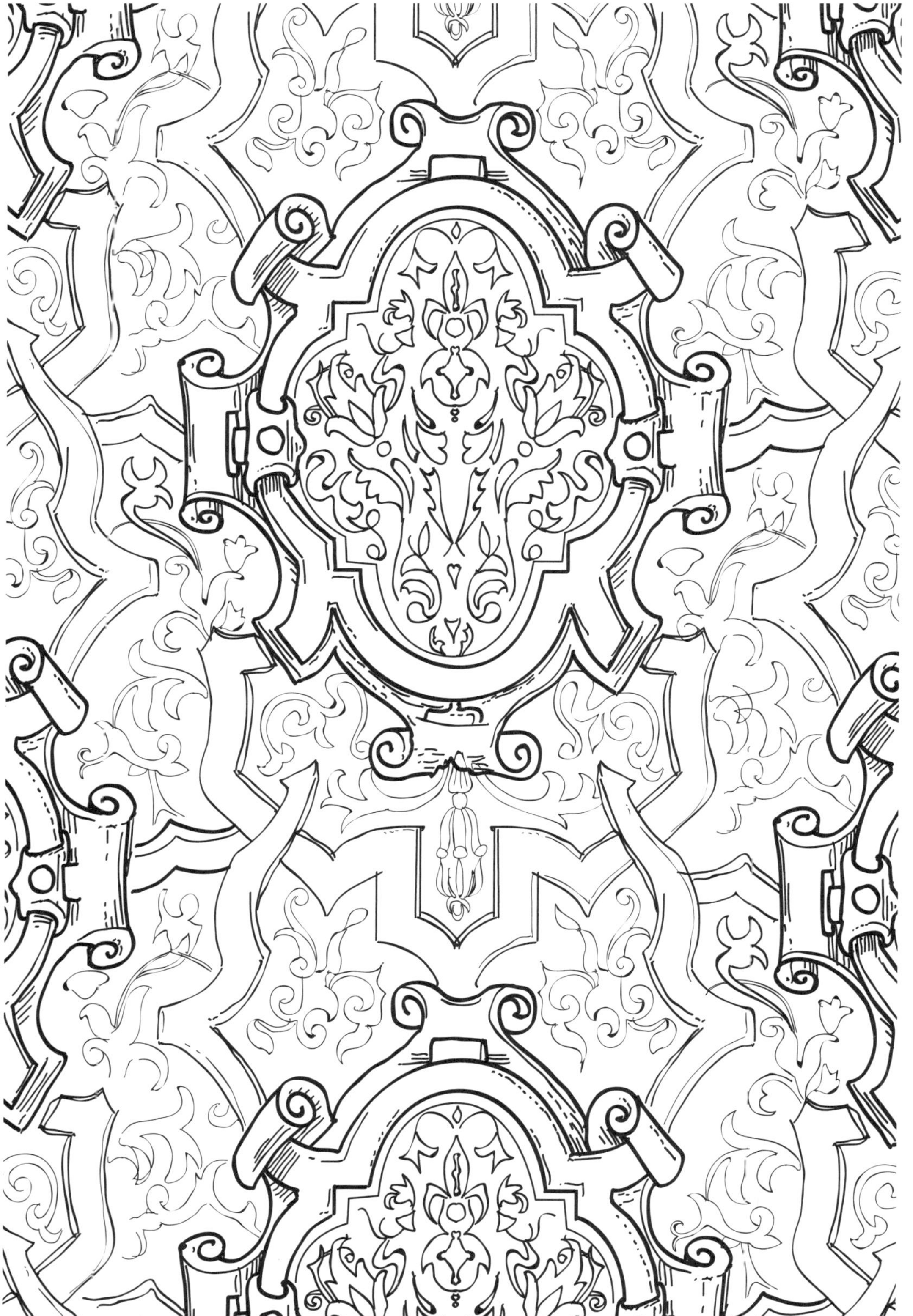

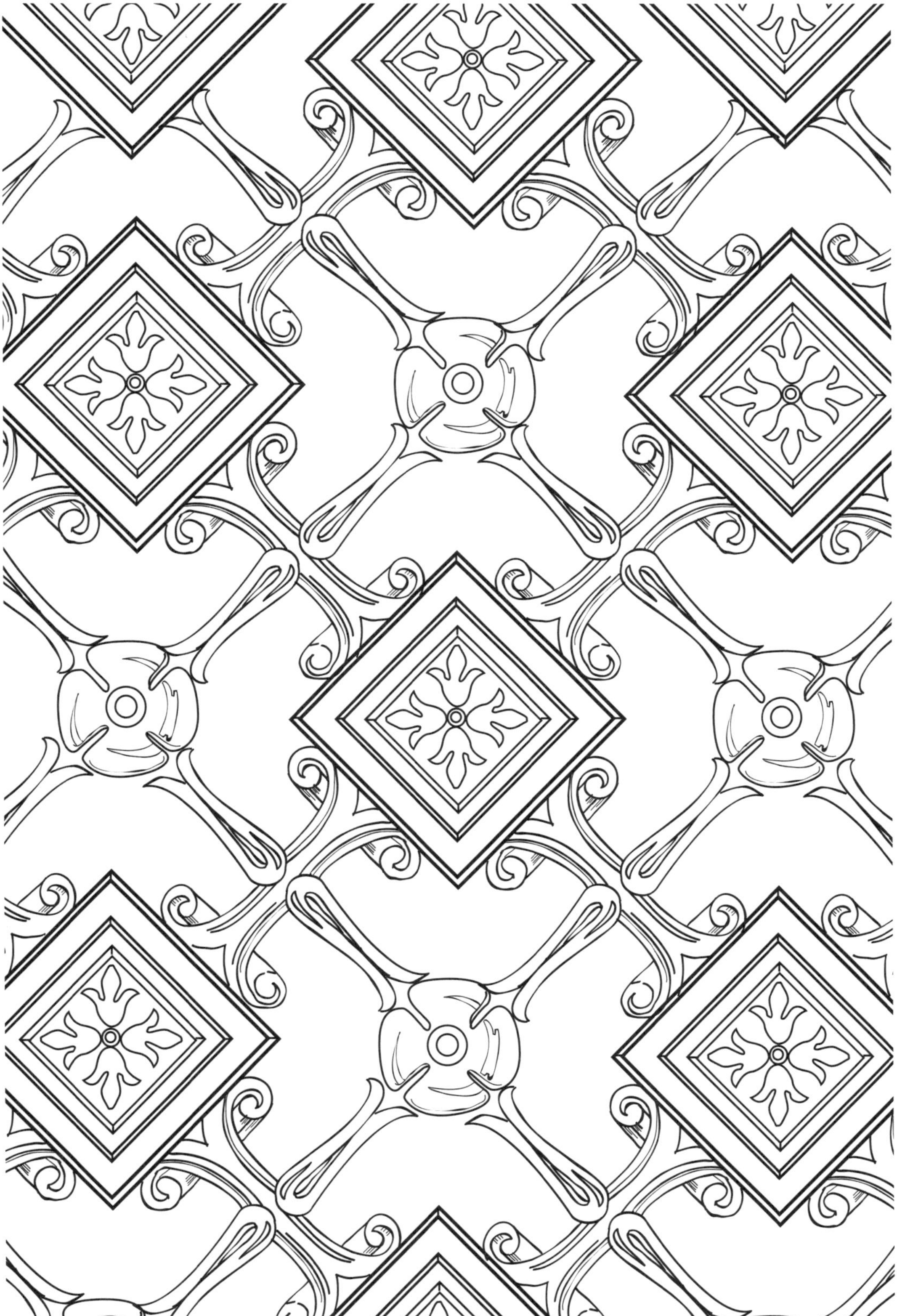

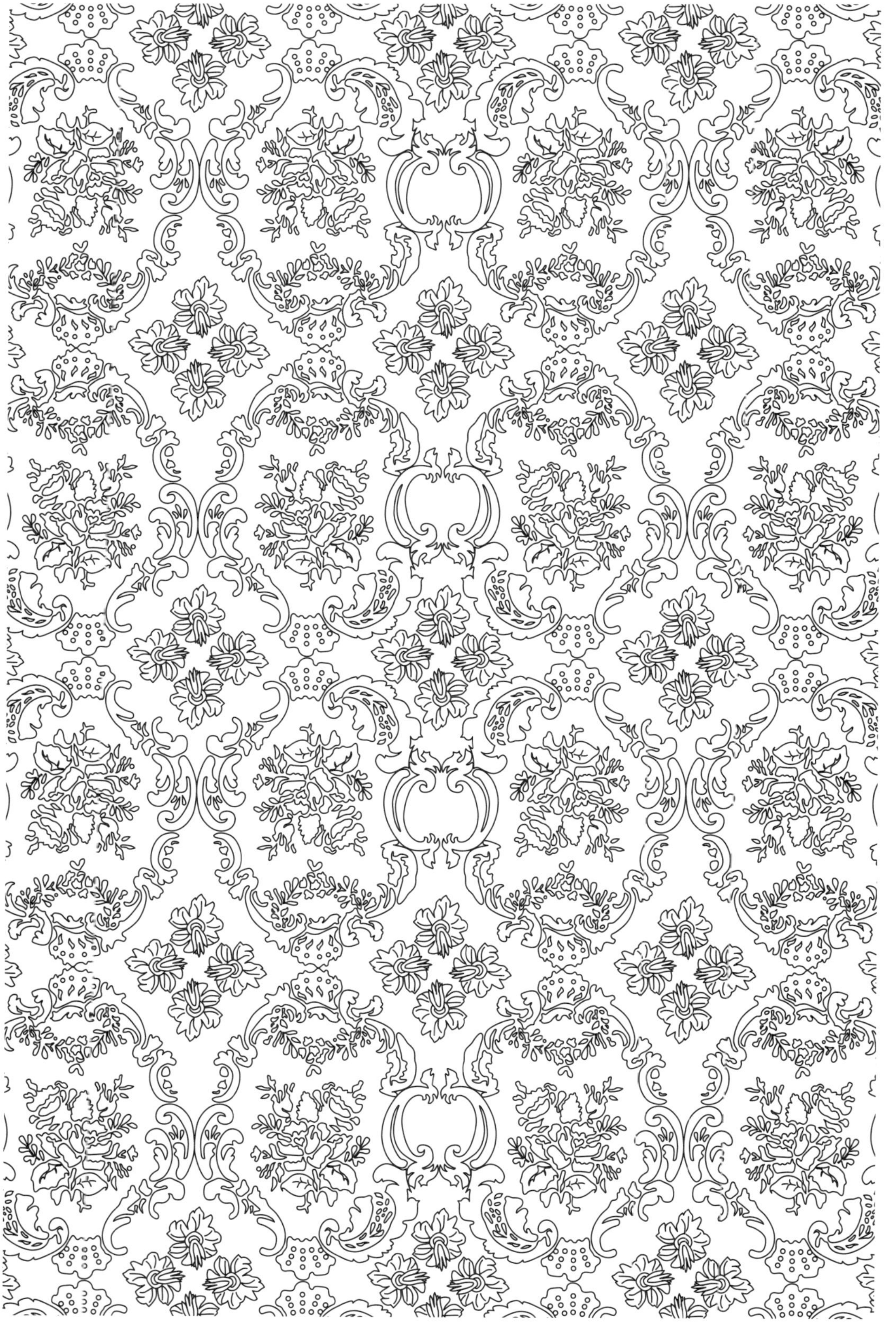

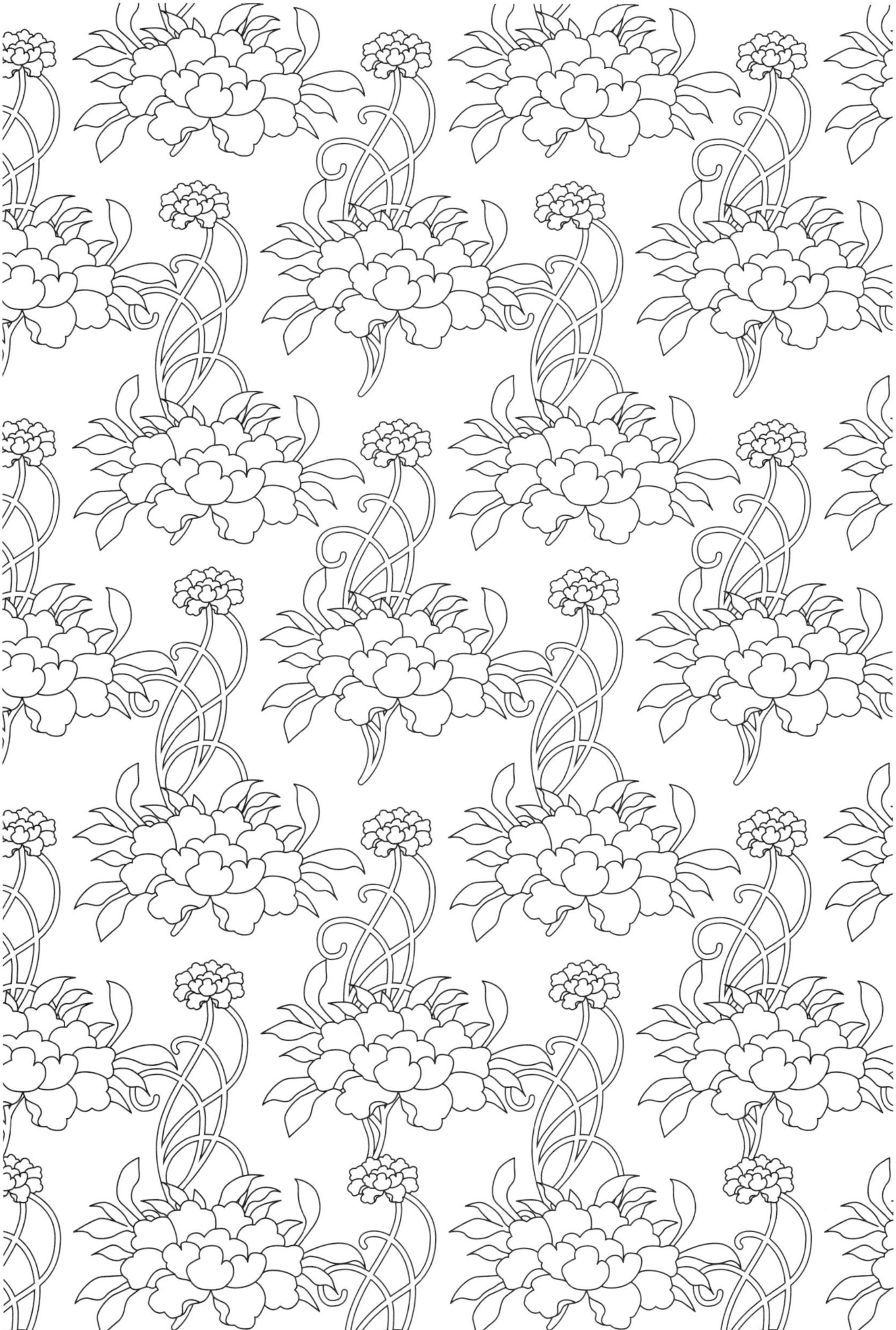

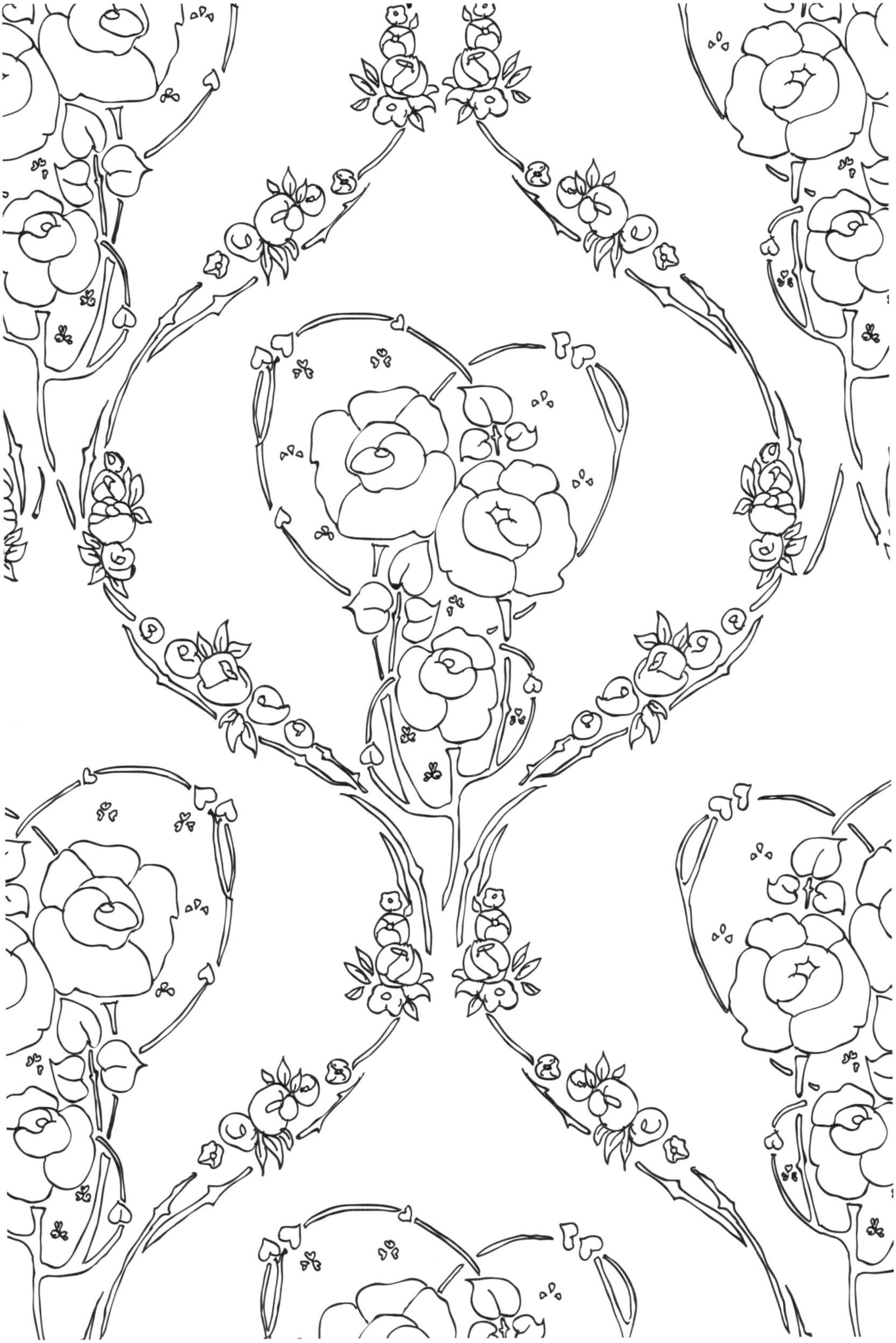

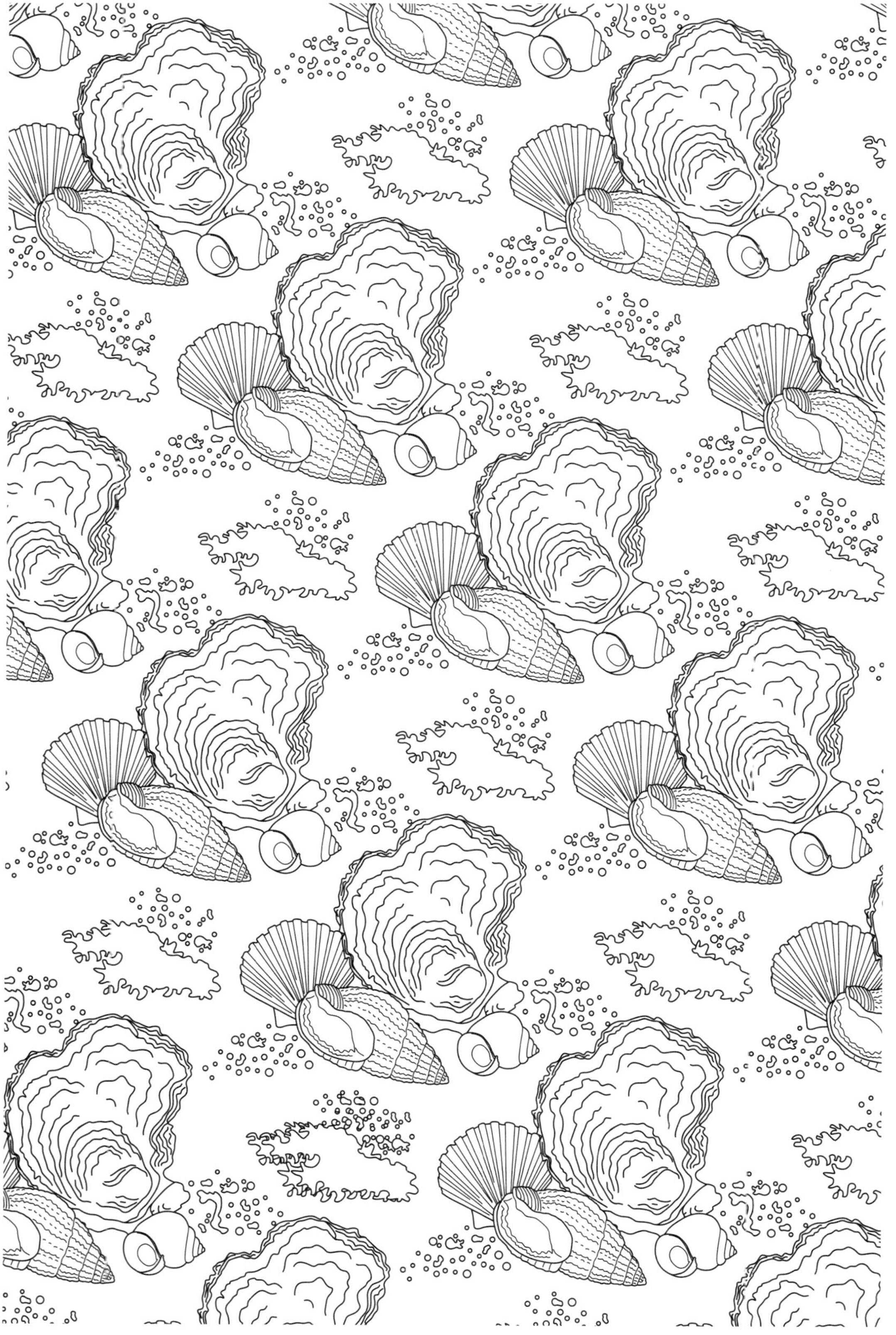

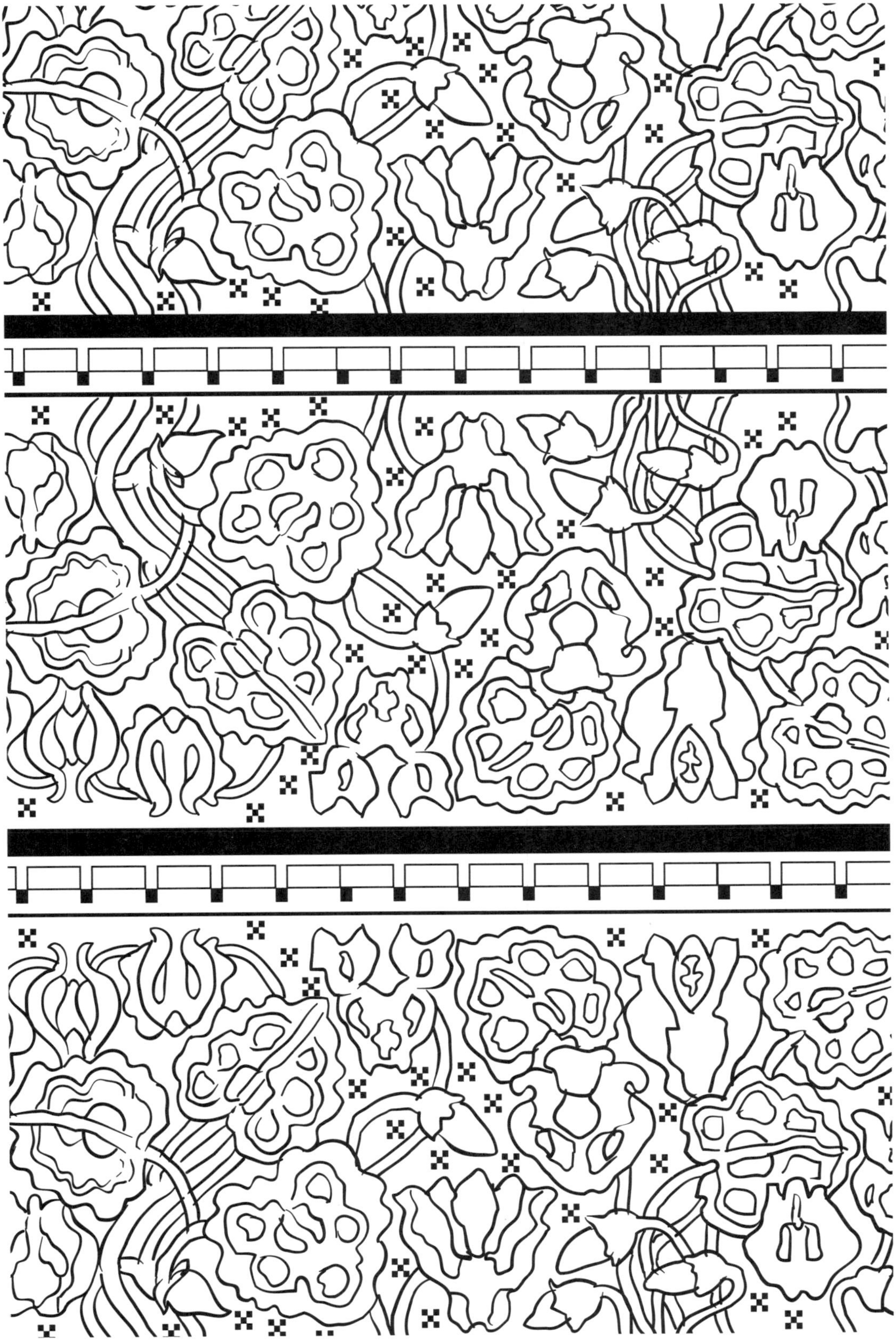

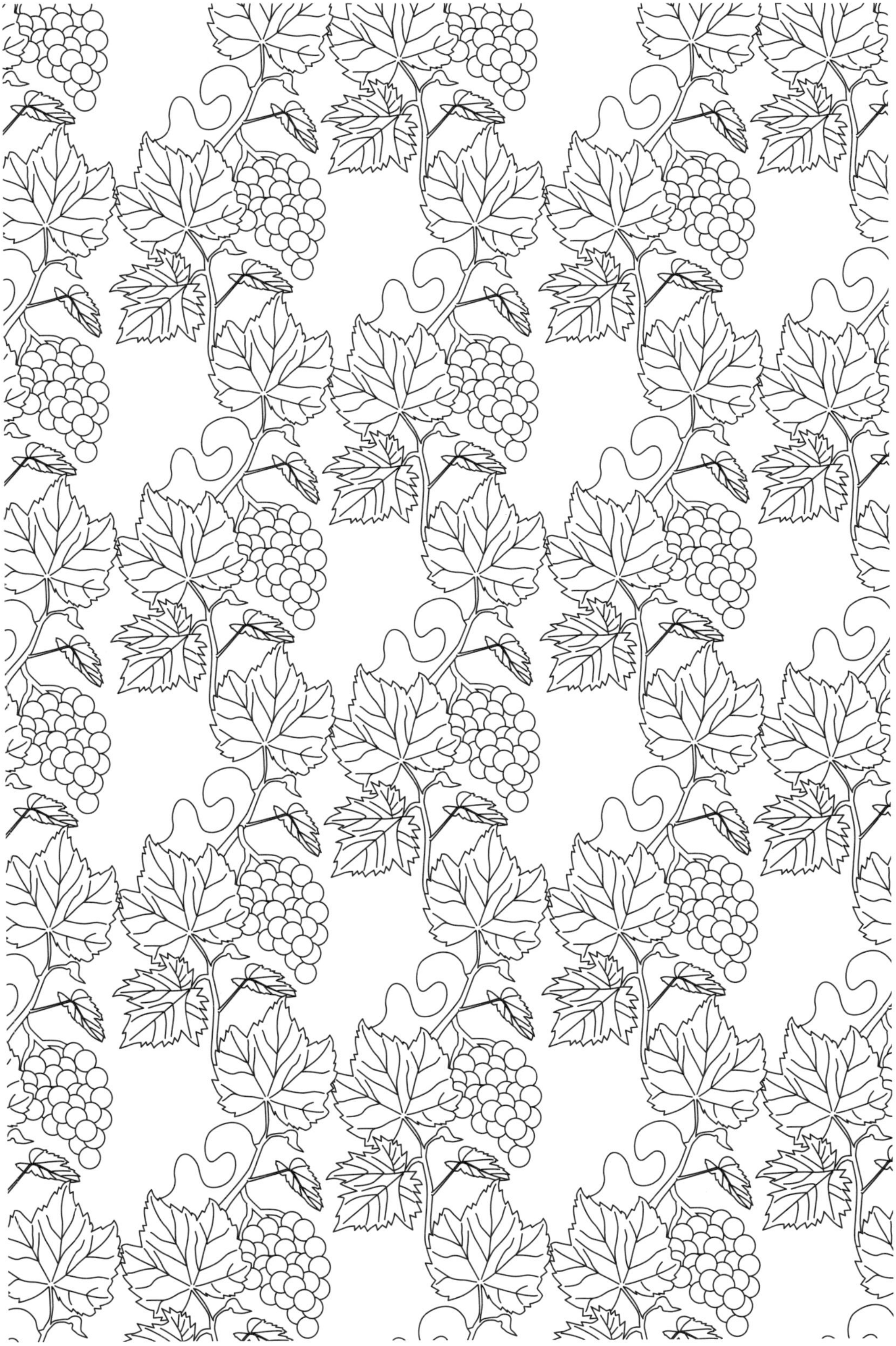

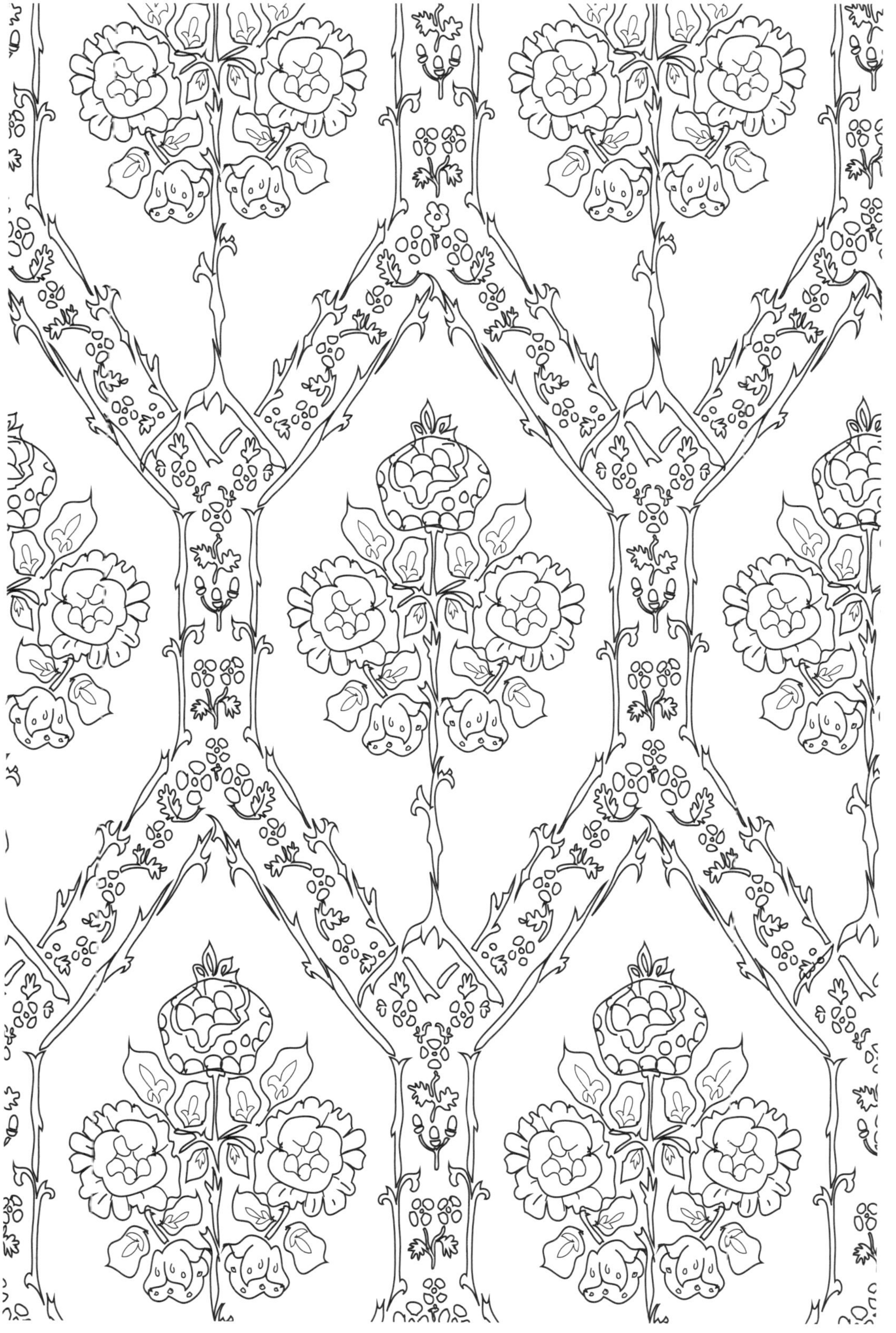

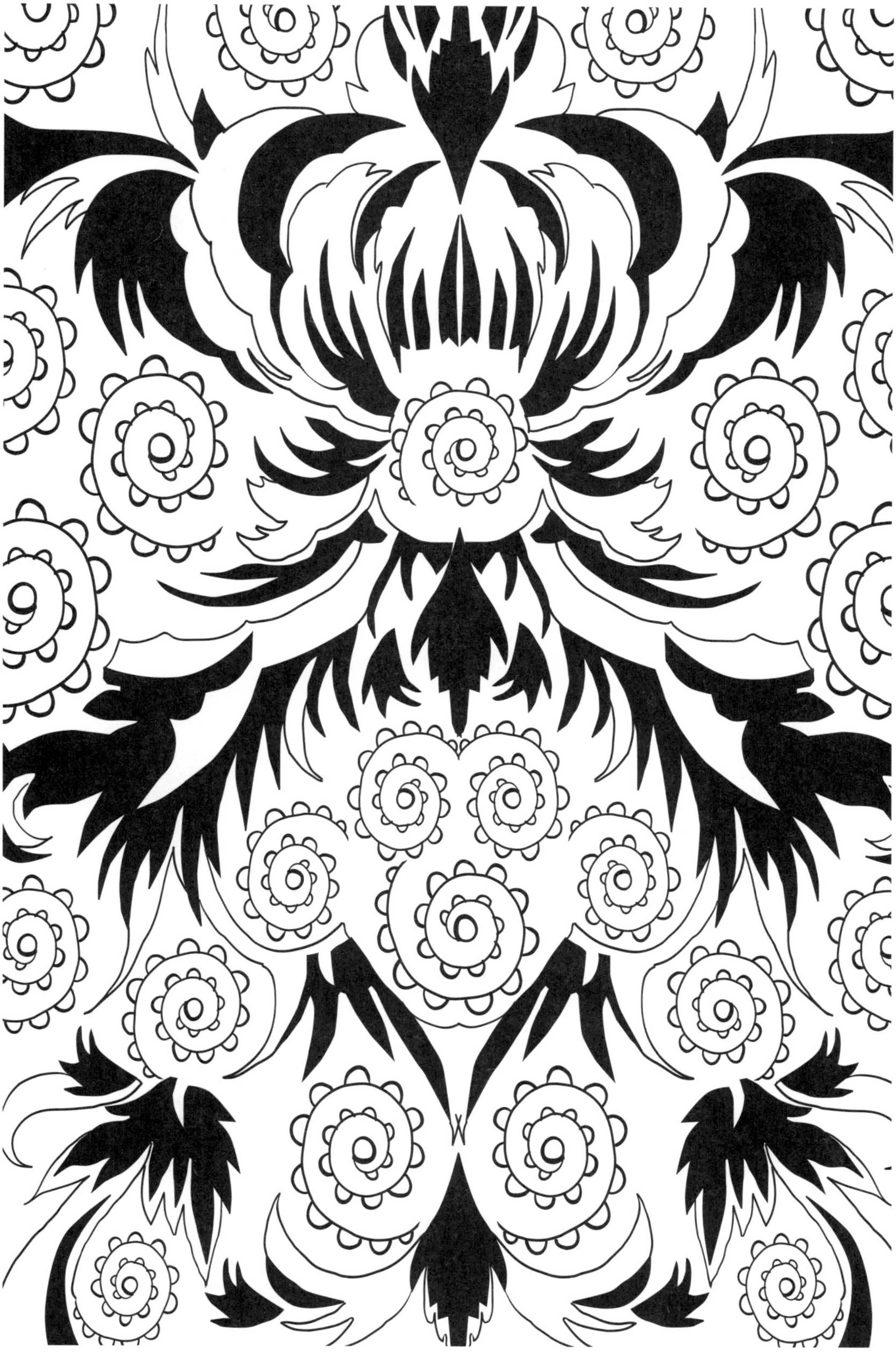

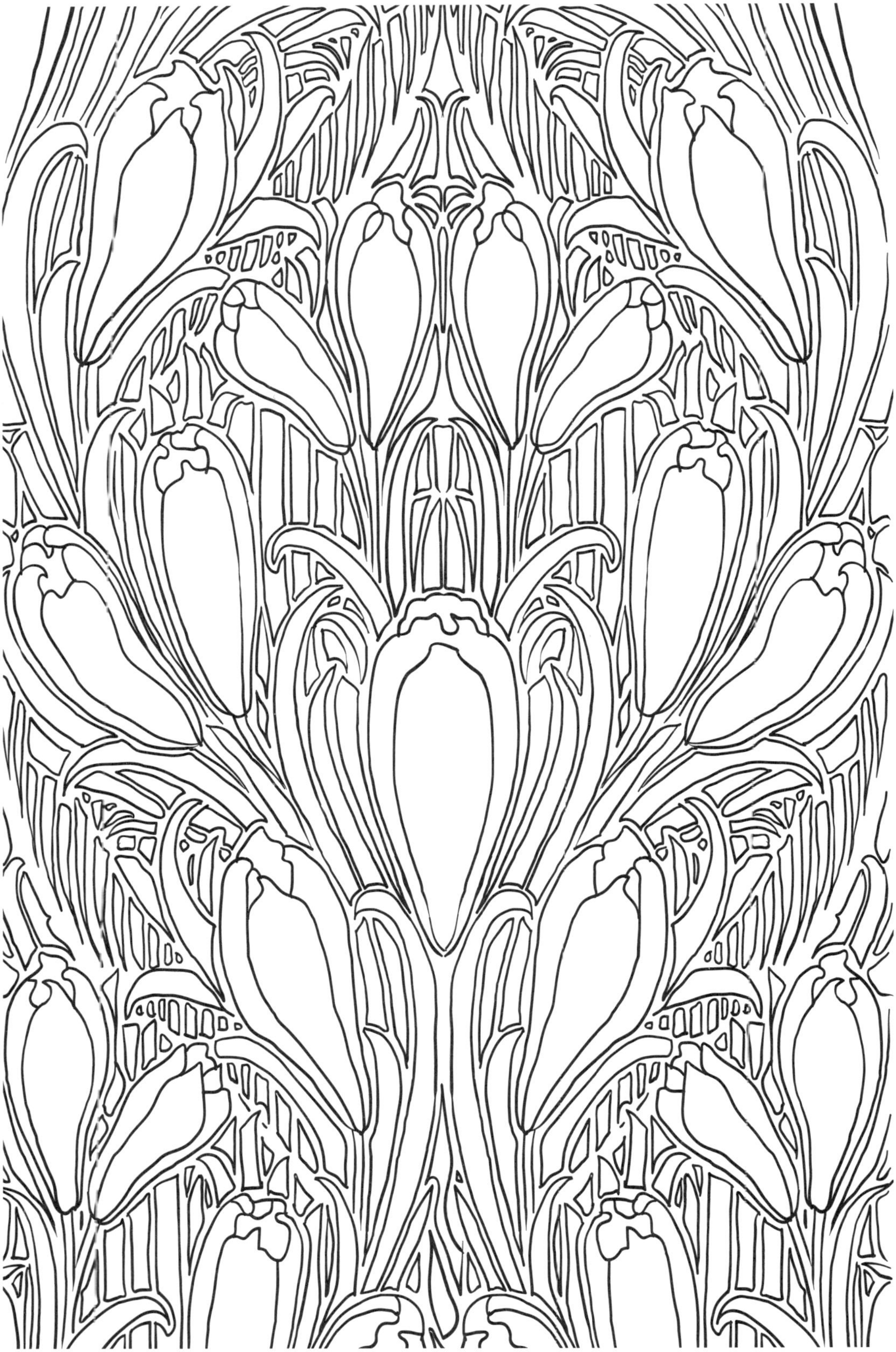

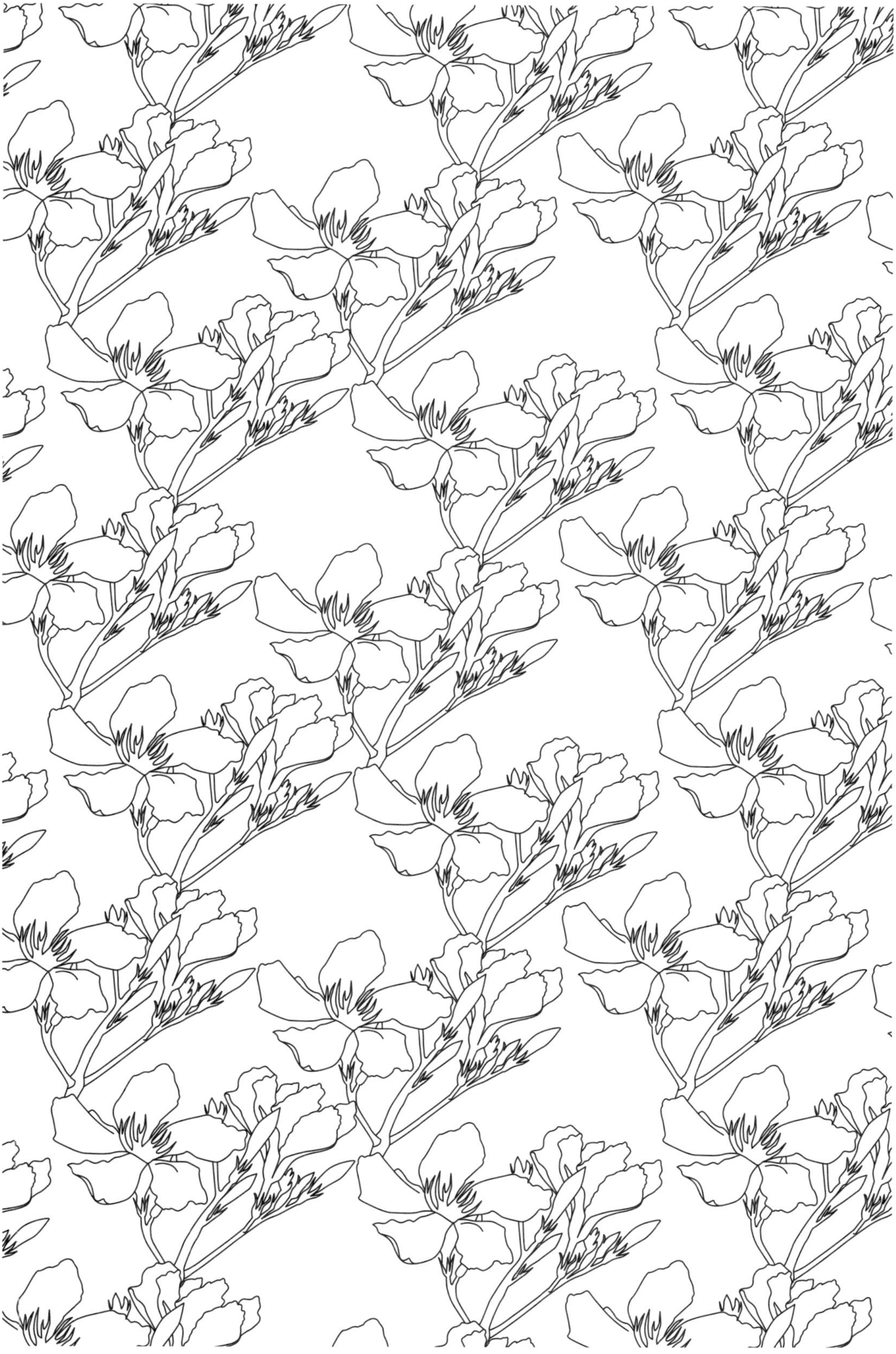

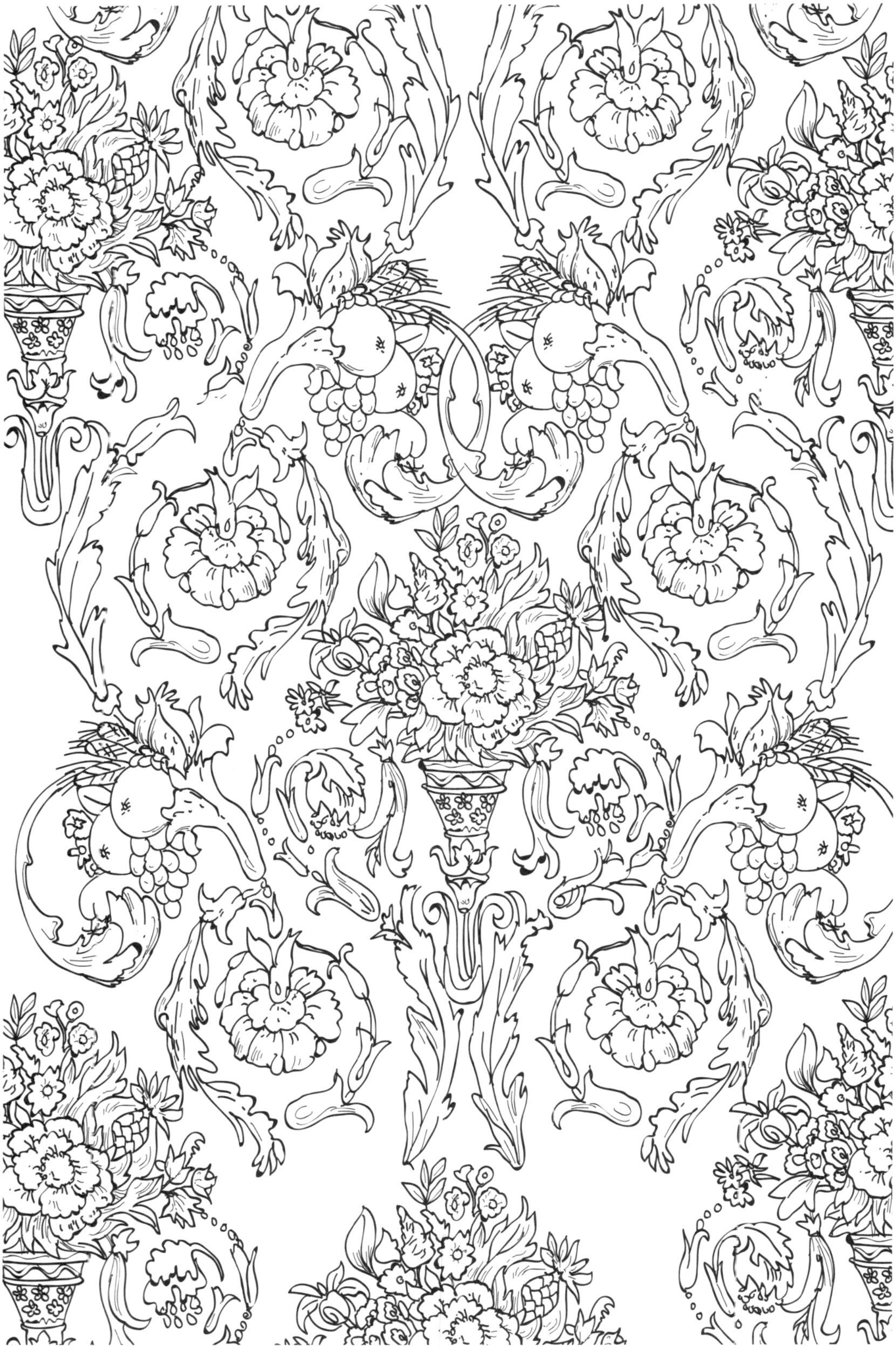

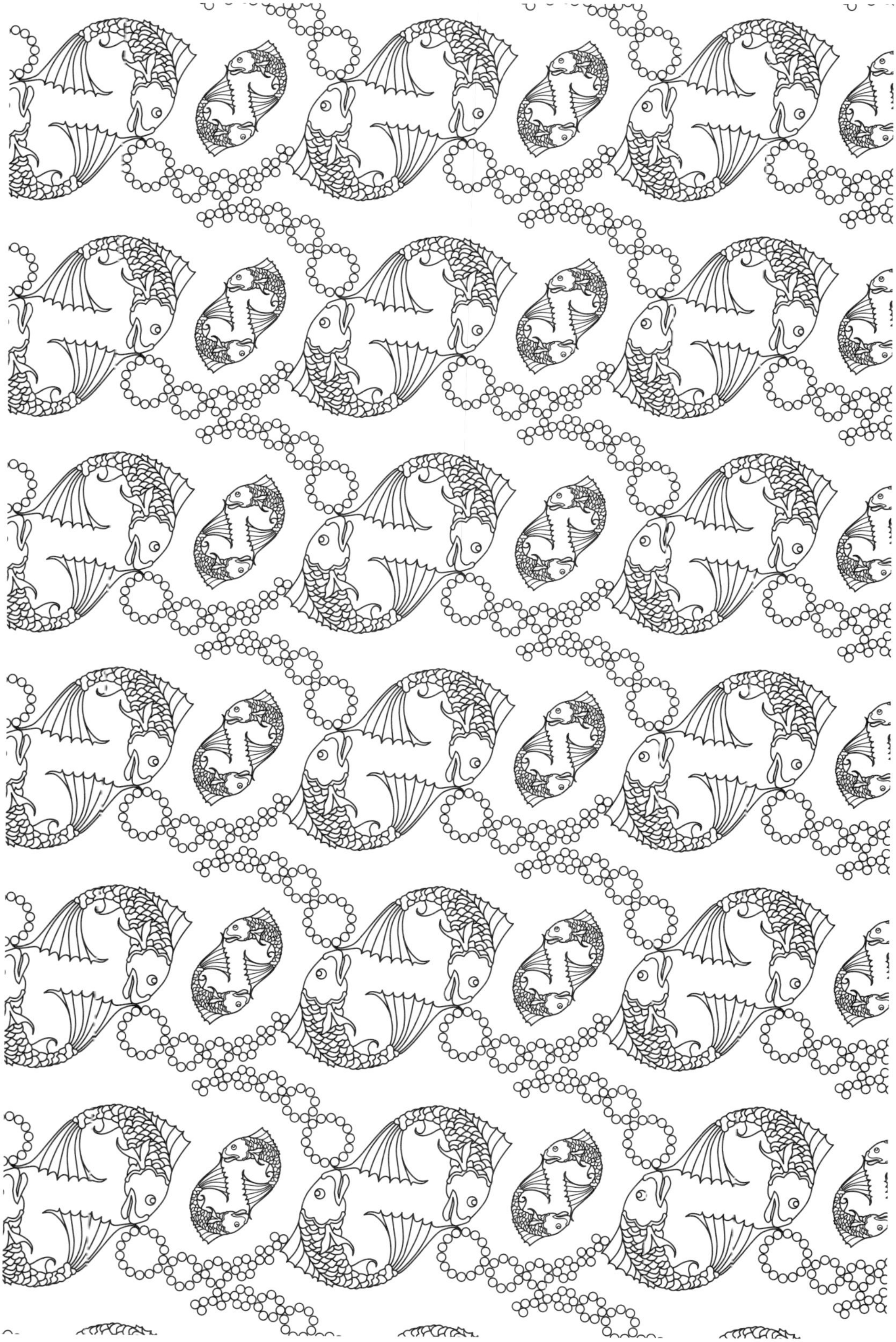

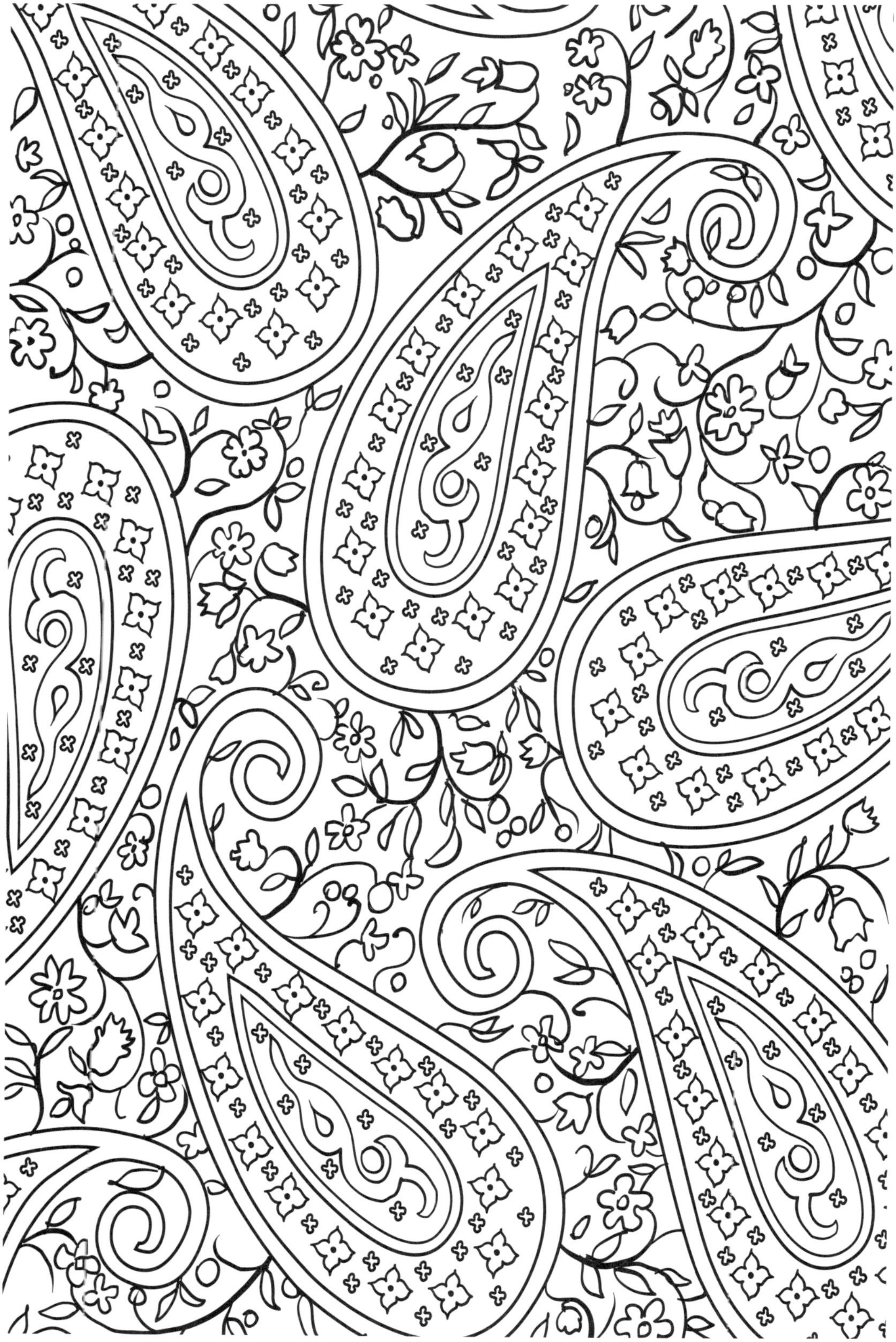

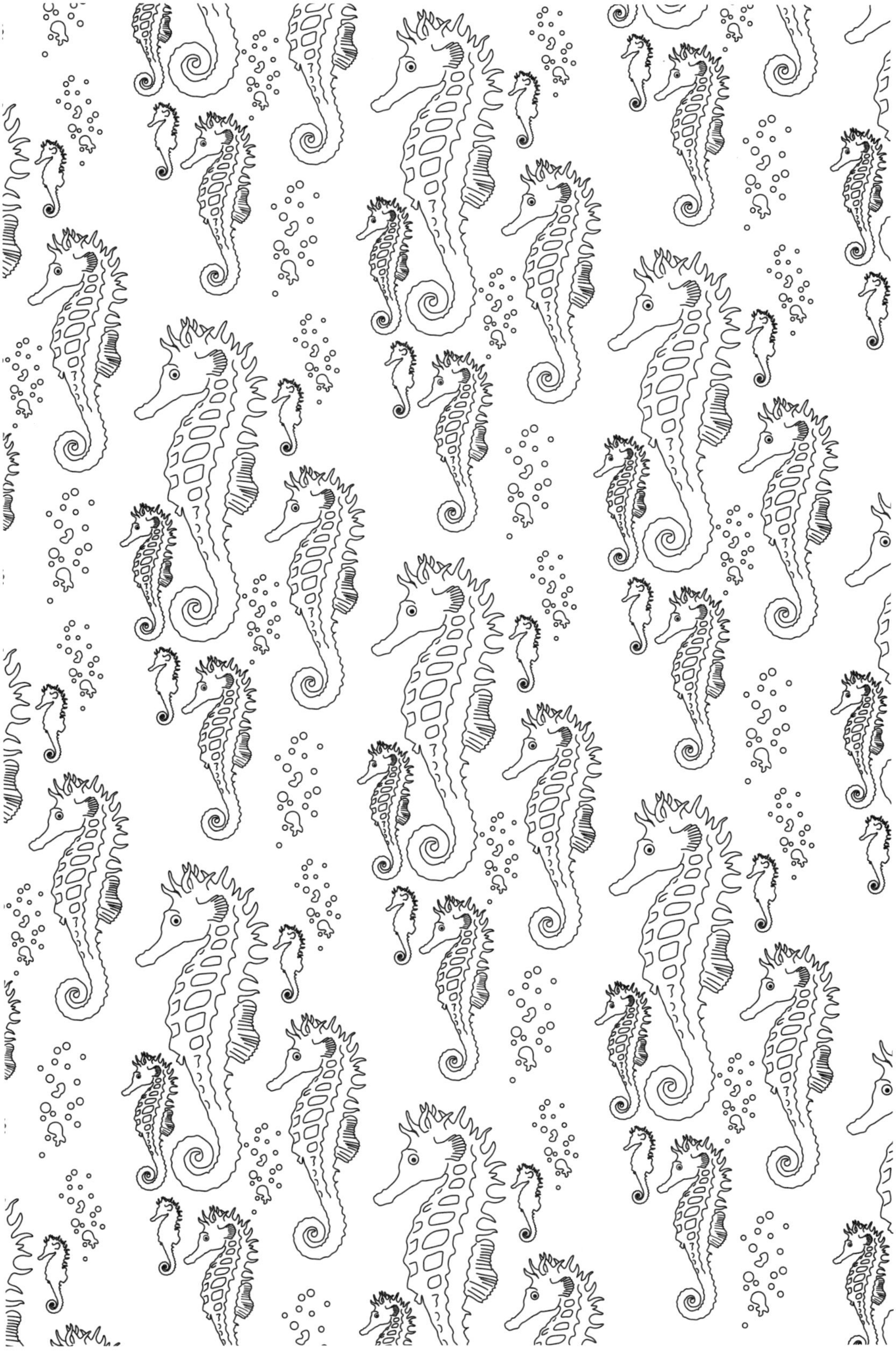

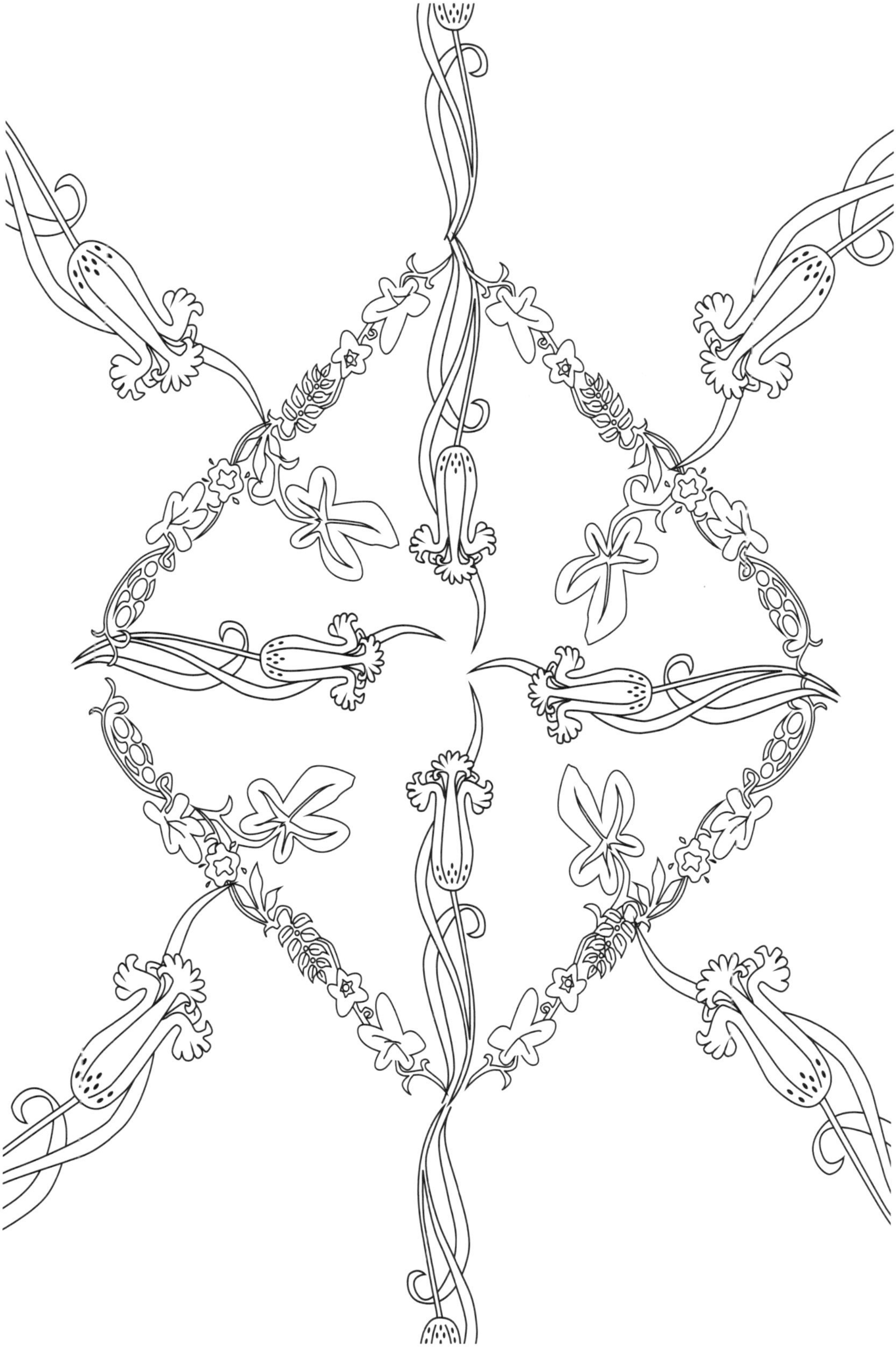

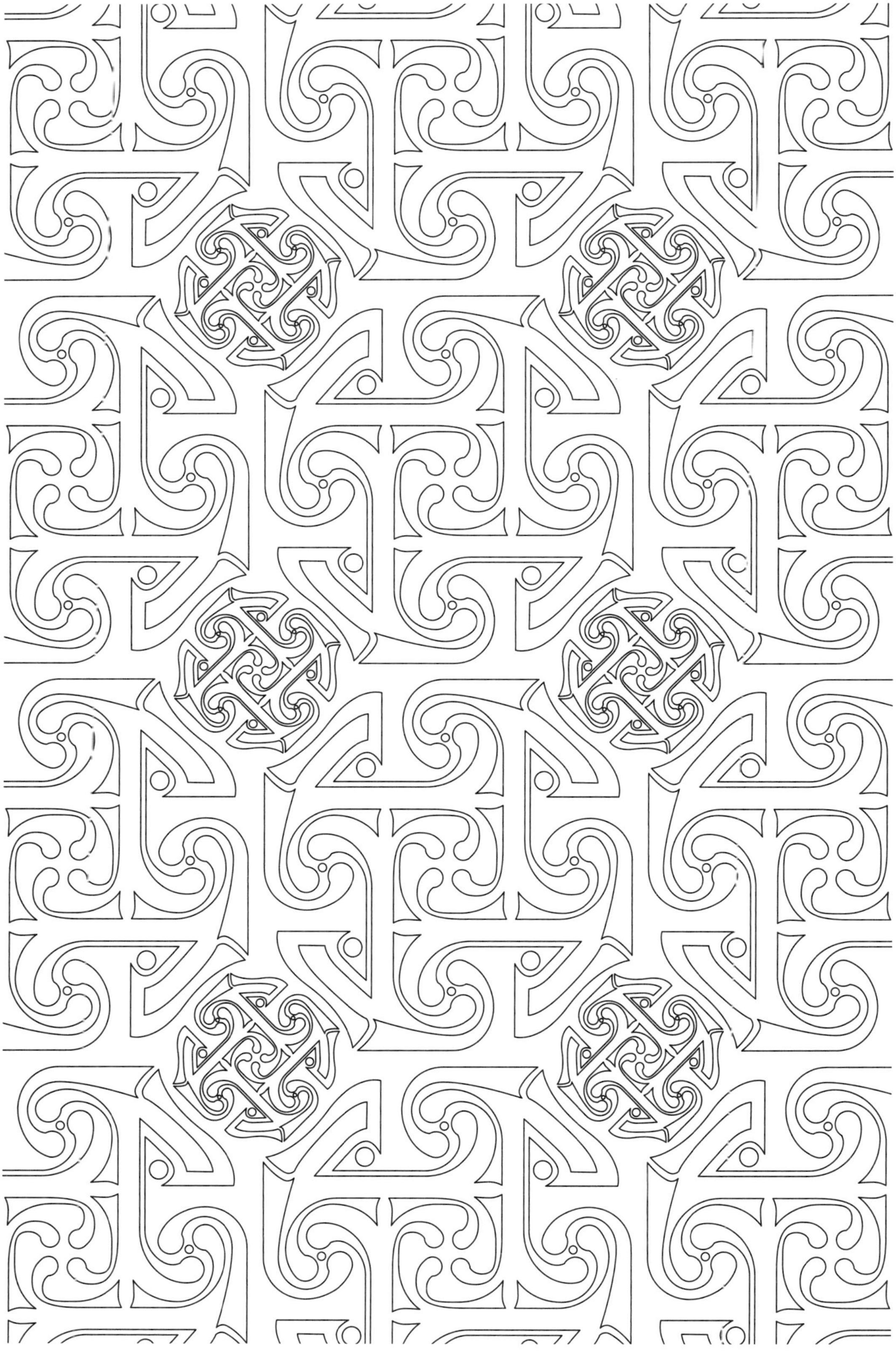

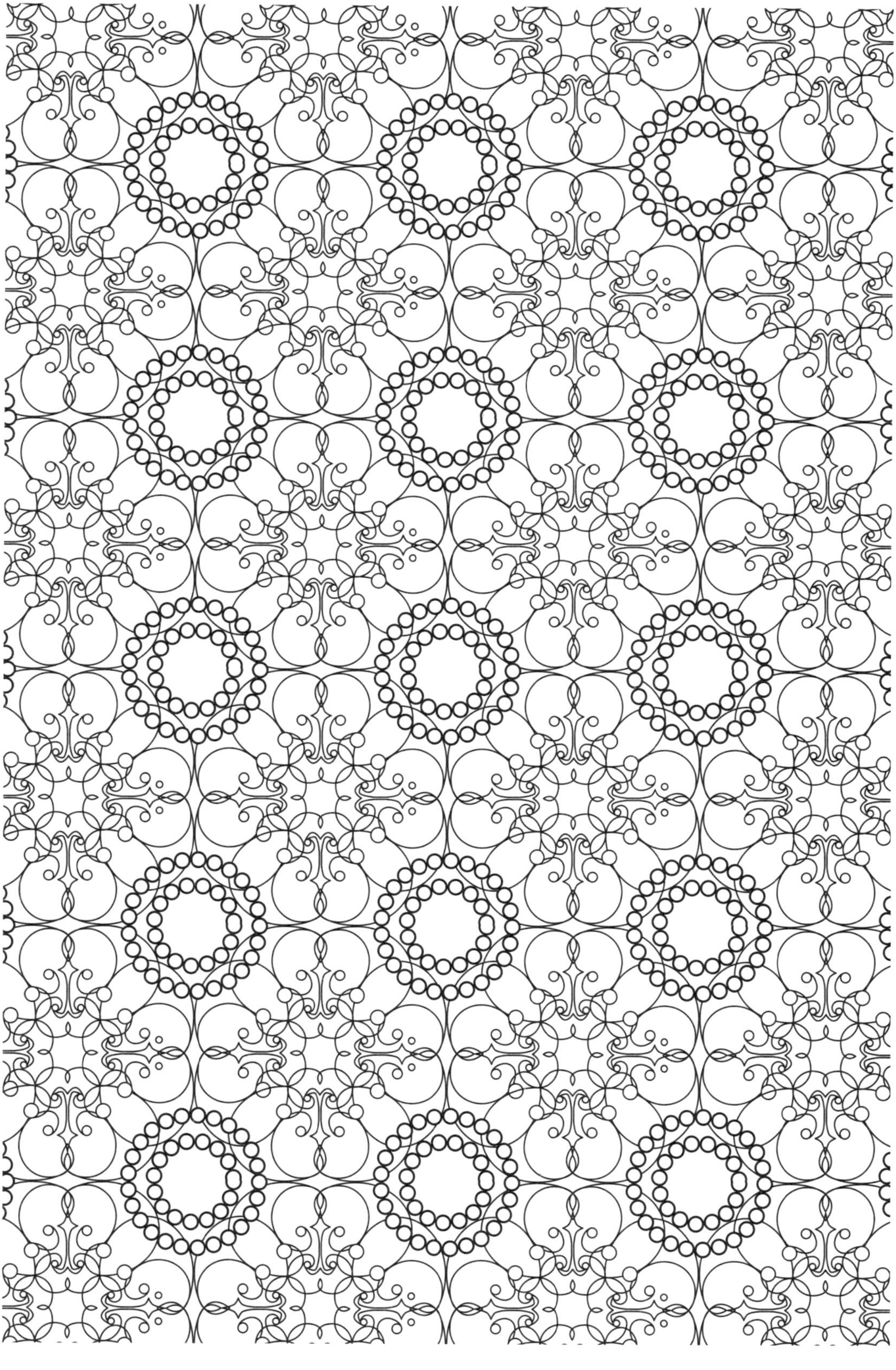

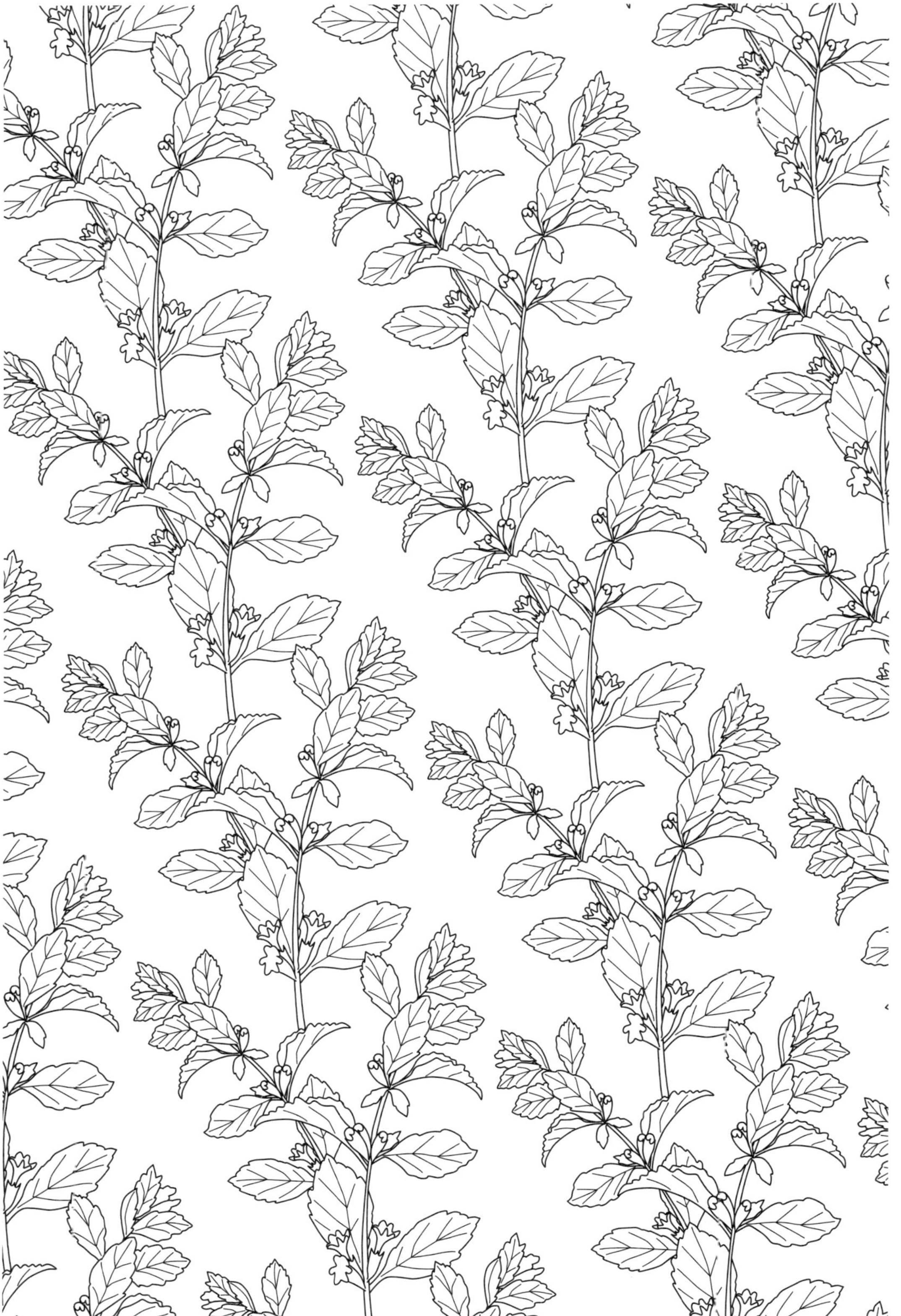

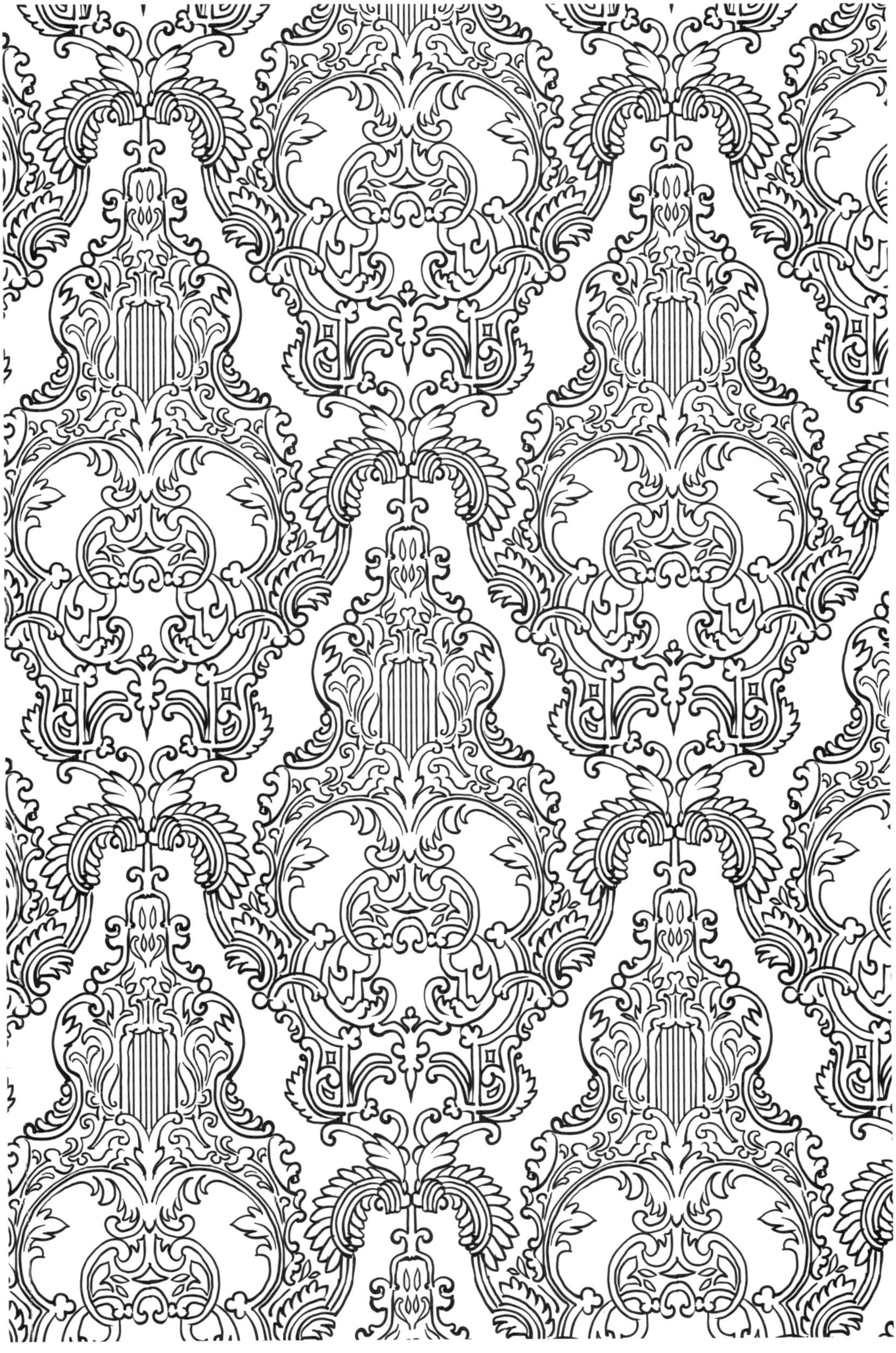

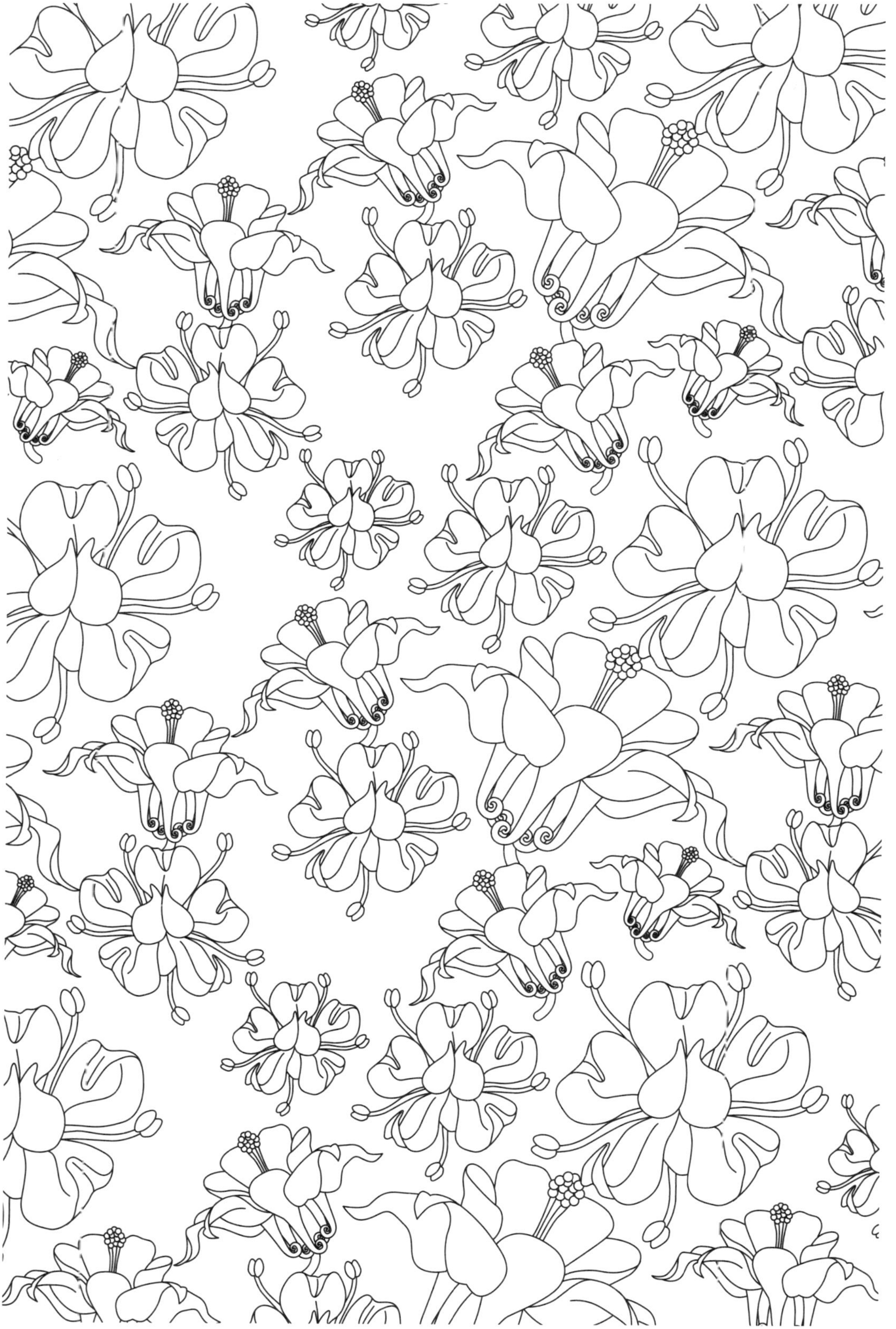

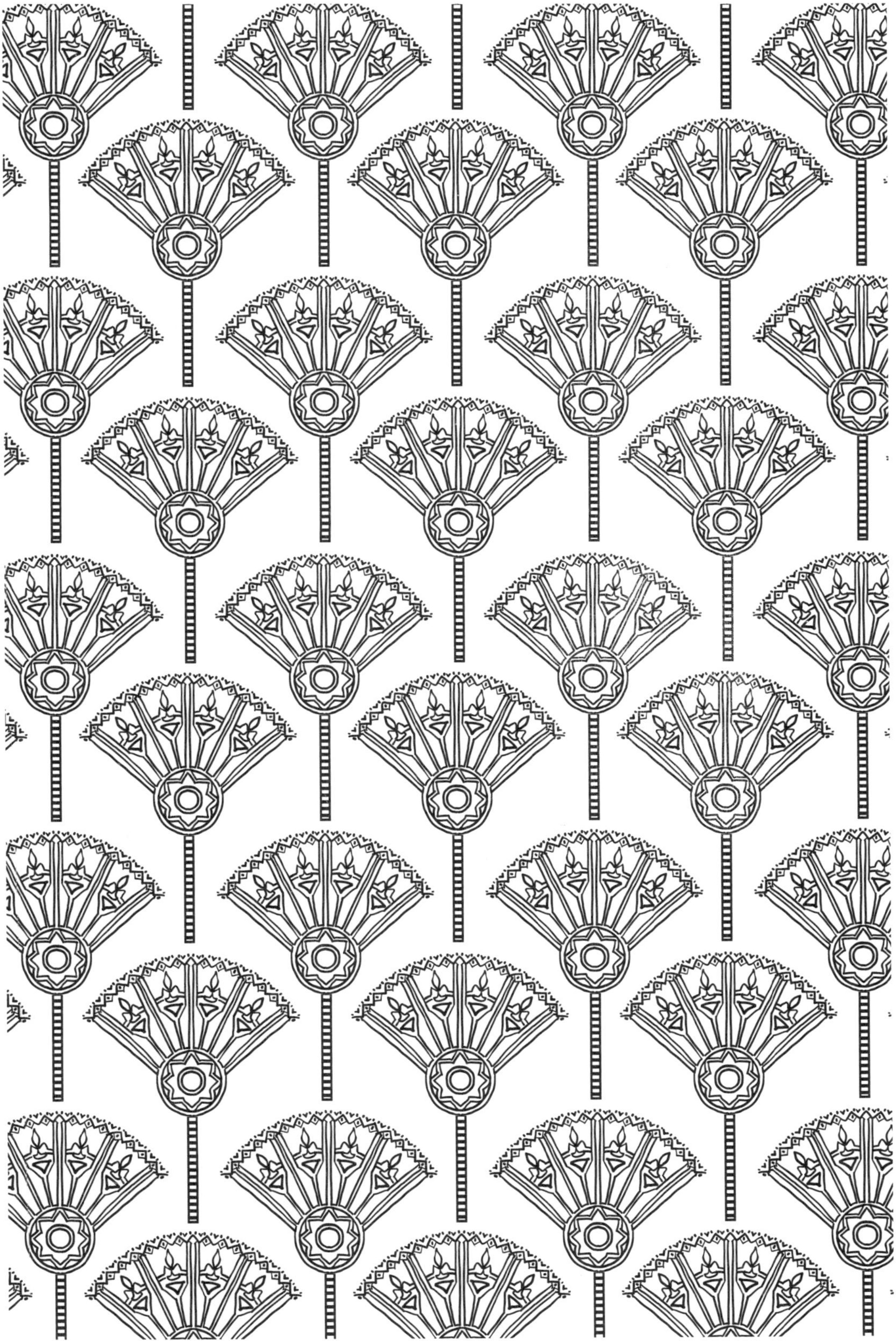

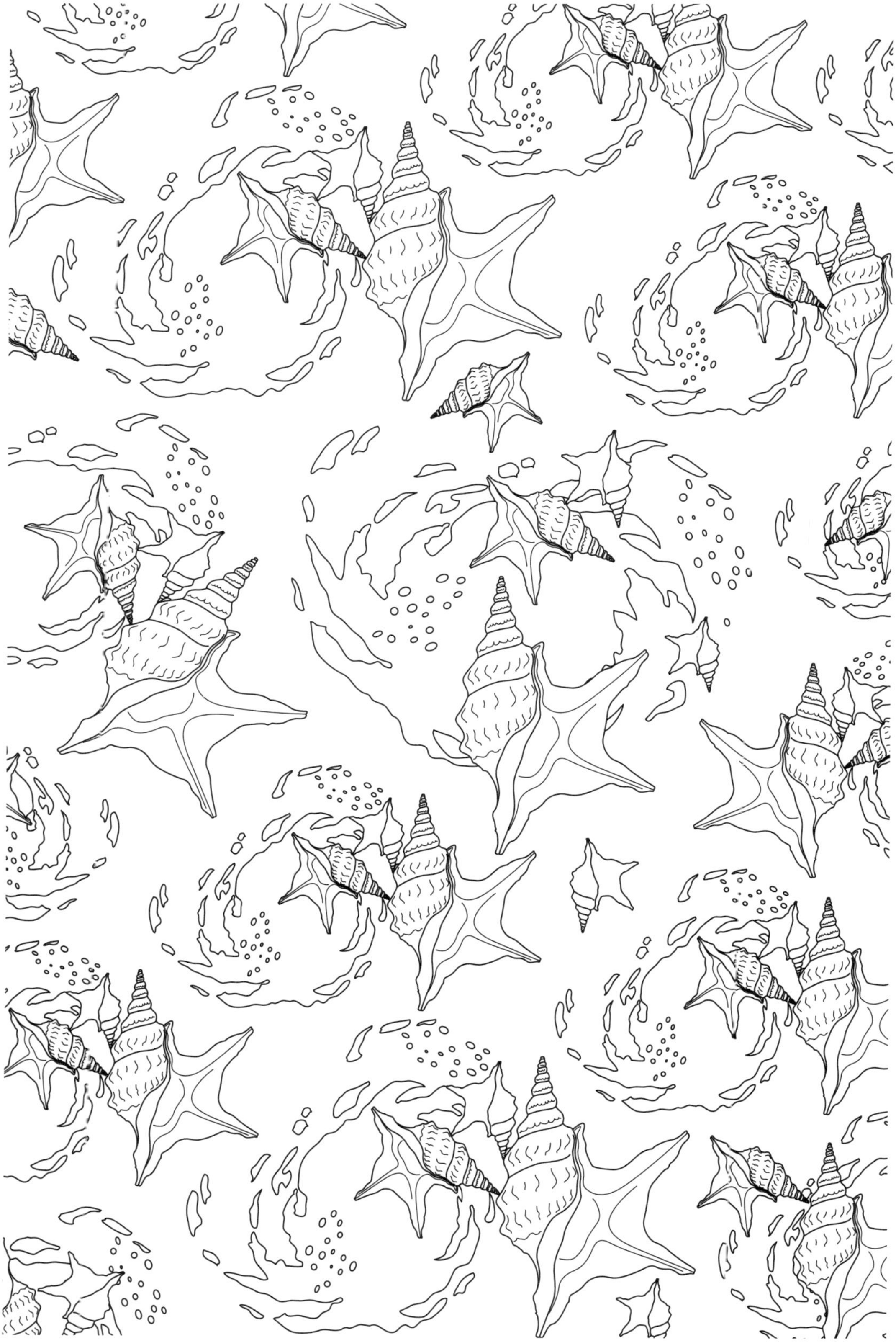

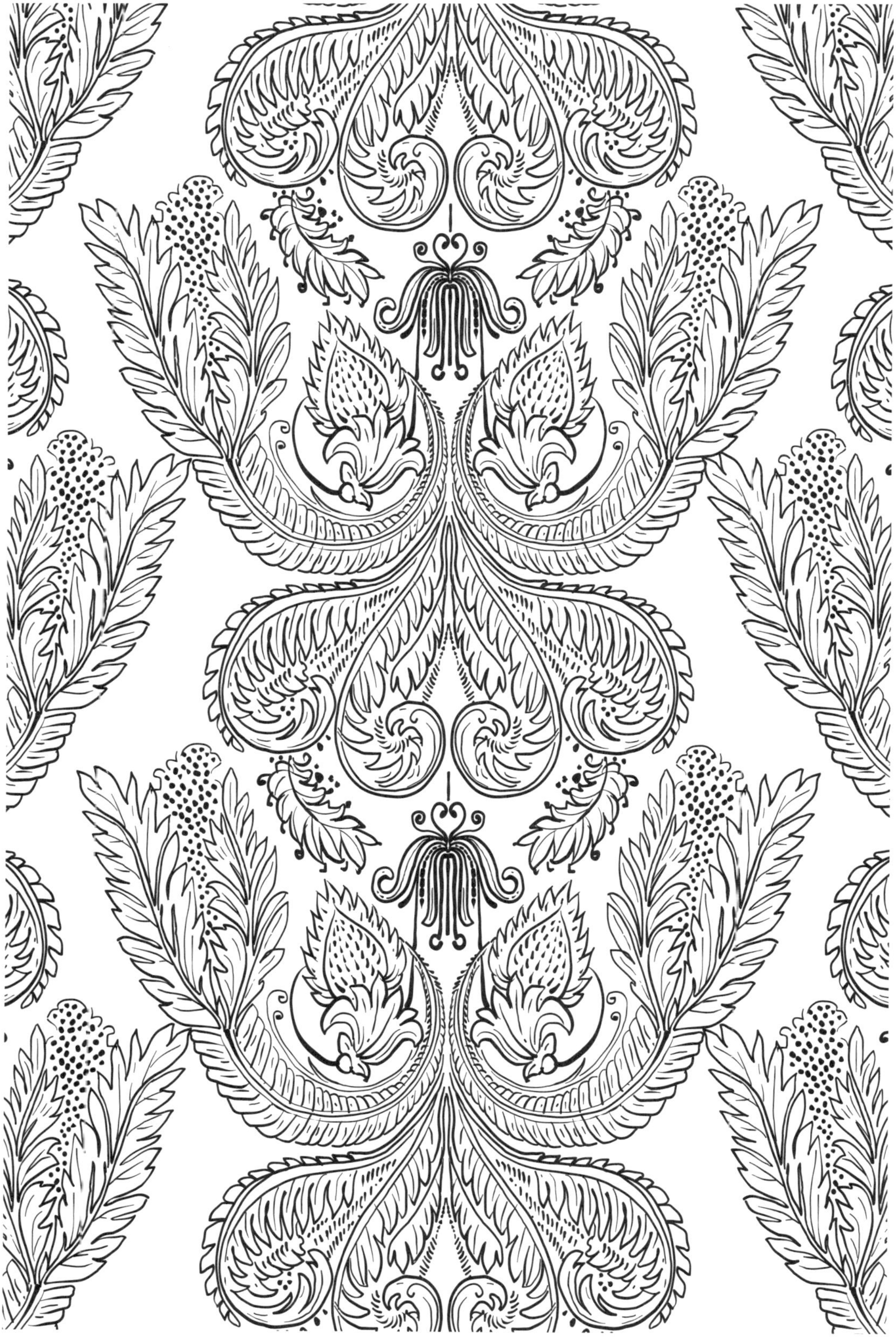

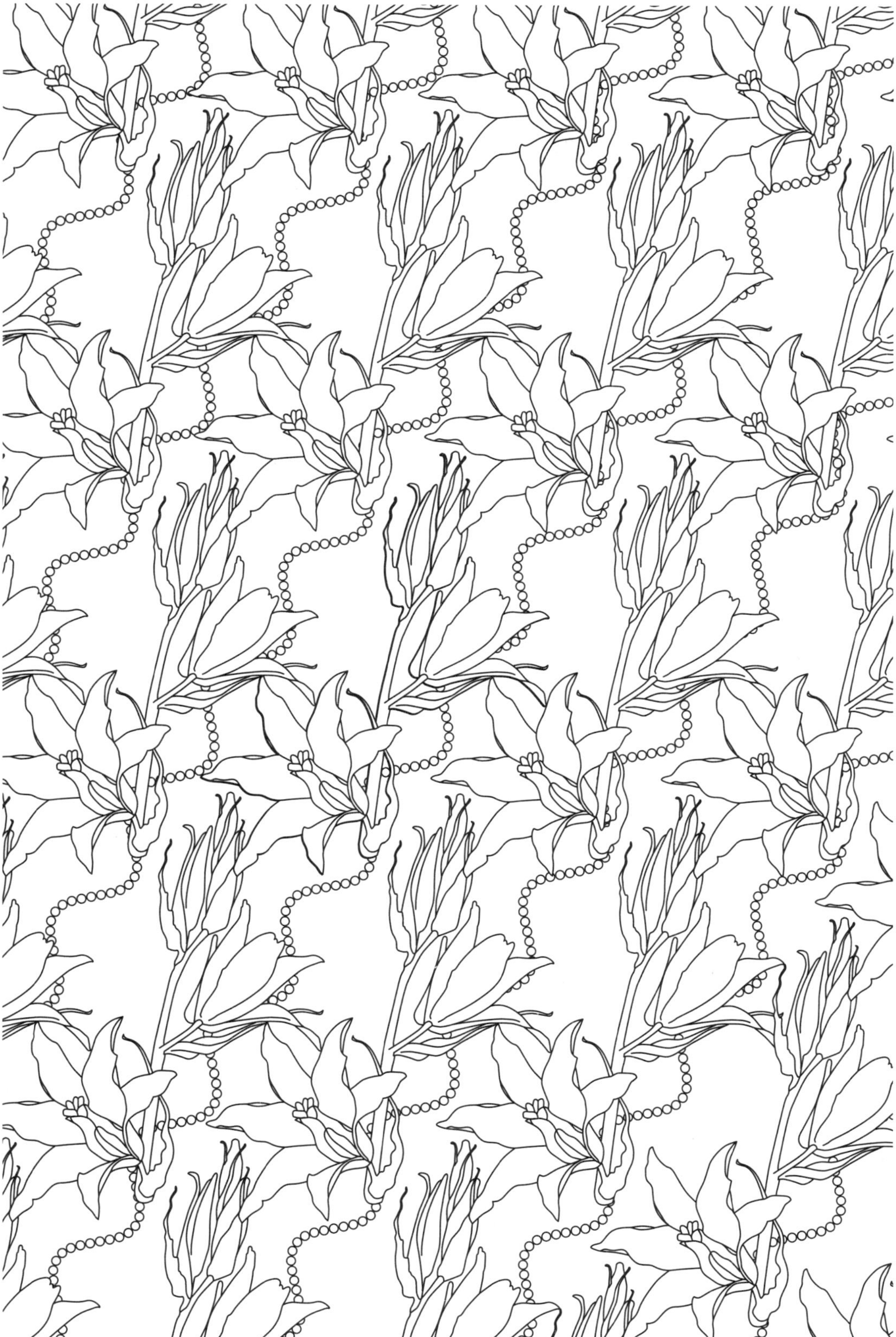